U0894725

国家社会科学基金重点项目
“新东北振兴与俄罗斯远东开发开放战略互动研究”(16AJL013)

黑龙江省哲学社会科学研究规划项目
“黑龙江省现代服务业与制造业融合互动发展研究”(14E079)

关联产业间技术溢出的机理研究

GUANLIAN CHANYEJIAN
JISHU YICHU DE JILI YANJIU

宁　进◎著

中国财经出版传媒集团

图书在版编目（CIP）数据

关联产业间技术溢出的机理研究/宁进著．—北京：经济科学出版社，2020．3
ISBN 978－7－5218－1362－3

Ⅰ．①关…　Ⅱ．①宁…　Ⅲ．①区域经济发展－产业发展－经济技术合作－研究－中国　Ⅳ．①F269．27

中国版本图书馆 CIP 数据核字（2020）第 036588 号

责任编辑：周国强
责任校对：李　建
责任印制：邱　天

关联产业间技术溢出的机理研究
宁　进　著
经济科学出版社出版、发行　新华书店经销
社址：北京市海淀区阜成路甲 28 号　邮编：100142
总编部电话：010－88191217　发行部电话：010－88191522
网址：www．esp．com．cn
电子邮箱：esp@esp．com．cn
天猫网店：经济科学出版社旗舰店
网址：http：//jjkxcbs．tmall．com
固安华明印业有限公司印装
710×1000　16 开　8．25 印张　160000 字
2020 年 3 月第 1 版　2020 年 3 月第 1 次印刷
ISBN 978－7－5218－1362－3　定价：49．00 元
（图书出现印装问题，本社负责调换。电话：010－88191510）

前　言

随着经济的发展，技术溢出由于其独特的技术交流形式，通过不断引进、学习和强化的过程，达到对现有主流技术的替代，在国内外技术经济和产业经济的理论研究与现实发展中的地位越来越重要。就经济全球化而言，关联产业间技术溢出依靠分工协作及模块化演化已经成为获得竞争优势的重要途径和趋势。从国内的经济现实看，关联产业间技术溢出在我国的区域经济发展中起着重要作用，已经成为促进技术经济和区域发展的重要模式，其变化将直接影响我国经济发展的可持续性。由此，对关联产业间技术溢出的系统机理进行深入研究具有重要的理论和现实意义。

本书以技术经济学、区域经济学、系统动力学和灰色聚类等相关理论为研究基础，将关联产业间技术溢出视为一个系统的过程，研究主要在三个层面依次展开：首先，通过对关联产业间技术溢出理论基础和特征分析的研究，确立区域关联产业间技术溢出的分析框架；采用协同竞争理论、专业分工理论和模块化理论方法，对关联产业间技术溢出的内在机理进行理论分析，为系统过程分析和系统结构分析奠定理论基础。其次，依托系统动力学和结构方程对关联产业间技术溢出的系统过程和系统结构进行建模分析。最后，以长三角制造业及其子产业为研究对象，对该地区的关联产业间技术溢出过程进行了实证分析。

首先，对关联产业间技术溢出的理论基础的阐述。对关联产业、技术溢出等概念术语界定后，主要通过分析关联产业间技术溢出系统的复杂性，探讨技术溢出的系统属性；并进一步从自组织角度出发，以发挥系统表达作用的自组织行为为切入点，探讨了驱动关联产业间技术溢出的内在自组织特性；通过系统关联理论，表征关联产业间技术溢出的关联属性；系统研究产业间及产业内技术溢出的特点，建立起关联产业间技术溢出的主要分析框架。

其次，系统研究关联产业间技术溢出的演化机理、系统过程和系统结构，建立起关联产业间技术溢出机理分析的主要分析框架。

在关联产业间技术溢出的演化机理的分析中，从协同竞争角度解释关联产业间技术溢出的内在动因，在前述相应理论阐述基础上进一步对专业化分工在关联产业间技术溢出中个体的出现及其行为做出了经济学模型及理论解释。在此基础上，从个体行为到群体行为角度采用博弈论方法分析了关联产业间技术溢出的模块化演化机理。

在关联产业间技术溢出过程的系统过程分析中，首先表征系统动力学在刻画关联产业间技术溢出过程的适用性与有效性，然后将单一识别方法进行非变权组合建立综合识别指标，对技术溢出过程进行有效识别。进一步建立了关联产业间技术溢出过程的系统动力学模拟模型：从系统过程的分解、描述和刻画三方面，构建了关联产业间技术溢出系统流图和系统动力学模型，为深入刻画各因素作用于关联产业间技术溢出的过程提供了有效的定量方法。

在关联产业间技术溢出过程的系统结构分析中，明确结构方程刻画关联产业间技术溢出系统结构的优点，通过灰色聚类模型建立最优指标体系，为结构方程提供科学、合理的变量，基于因子旋转和解释方差，通过增减隐变量，对两种结构方程模型进行对比，最后选取最为合理的结构方程模型定量刻画关联产业间技术溢出的系统结构。

最后，本书以长三角地区的制造业及其子产业为研究对象，分别对前述分析的关联产业间技术溢出系统过程和系统结构进行实证分析，根据分析结果对区域的产业发展提出了政策建议。

目　录

第1章

绪　　论

1.1　研究背景及问题提出

1.1.1　研究背景

科学技术是推动生产力发展最活跃的决定性力量，是影响一个国家或地区经济增长的主要因素。科学技术作为一种潜在的生产力，只有通过技术创新及其扩散而进入生产过程，才会转化为现实的生产力。技术创新是技术进步的最终源泉，而技术扩散和溢出是实现社会总体技术进步的必然途径。

产业的技术创新与技术进步直接关系到产业水平的升级，关系到产业竞争力的提升，进而关系到一个国家或地区经济的增长。根据索洛模型，经济的增长除了不断增加有效劳动和资本投入外，还要积极地提高产业自身的技术积累。

技术存量的增加主要有两个主要途径：其一，内部的技术创新；其二，外部的技术来源。外部的技术引进无疑可为解决经济发展中的技术难题提供某种意义上的帮助，而技术溢出恰恰就是外部技术引进中最常见的方式，在特定条件下，技术溢出也可为其在某些经济技术领域短时间内赶超经济技术发达的国家或地区提供一定的捷径。

改革开放以来，引进和利用外商直接投资（foreign direct investment, FDI）一直是中国的基本国策和重要战略之一。截至 2009 年底，我国累计批准设立外商投资企业达到 68.3 万家，实际外商直接投资额达到 9454 亿美元。2009 年，外商投资企业工业产值、税收、出口分别占全国的 28%、22.7% 和 55.9%，直接吸纳的就业达到 4500 万人。中国已成为全球最大的外商直接投资流入国之一，中国的外商直接投资存量已经超过 4000 亿美元。外商直接投资已经成为影响中国经济增长、就业、技术进步的重要因素。外商直接投资企业引进的技术产生了明显的外溢效应。

技术溢出是经济学意义上的外部效应，通常是指技术领先者对同行业企业及其他企业的技术进步产生的积极影响[1]。随着经济的发展，产品生命周期不断缩短，新技术不断出现，创新速度日益加快。由于人类开辟的可供创新的领域如此之多，而资源相对有限，就必然导致很多领域存在大量的需要进一步创新的空白带。在这样的情况下，渐进性技术创新出现得越来越多、越来越频繁。在渐进型技术创新的过程中，通过不断引进、学习和强化的过程，达到对现有主流技术的替代，不断创造新的“跑道”，具有“路径依赖”和“持续学习”的特点，这对落后的国家和地区更有实际意义[2]。

1.1.2 问题提出

技术外溢效应是指跨国公司所具有的产品技术、管理技术和研发能力从外商投资企业内部向东道国企业扩散的效应。

从中国实际的经济发展来看，目前经济的增长仍然主要依靠资本和人力的投入，大多数企业技术落后，能源消耗大，高质量的经济增长无法实现，如何提高中国企业的技术创新水平已经成为目前一个刻不容缓的问题。

一方面，发展经济学的理论认为利用外资成为发展中国家解决储蓄约束和外汇约束的法宝，但中国的经济发展的瓶颈越来越体现在技术约束上。另一方面，国内产业之间以及区域内产业之间的技术创新活动能否彼此取长补短，充分利用各种本土资源及区位优势，共同推进中国经济发展中的技术溢出，实现外来技术的为我所用，也成为解决由技术约束而阻滞经济发展问题的关注焦点。

技术溢出成为技术创新研究的热点是经济学发展的必然规律，资本和人力带来的增长都远不如技术带来的经济增长更为持续和长久。技术溢出作为技术进步在产业间转移和扩散的一种特定形式，其对于经济增长和产业发展来说是至关重要的。如何在保护技术拥有者利益的前提下实现技术溢出的正效应，是一个值得探讨的现实问题。

作为产业技术溢出的主体，关联产业不仅在空间上具有地缘优势，同时在技术溢出的过程中明显要优于非关联产业。技术溢出是关联产业提高技术存量的重要手段，对关联产业的增长具有相互促进的效果，从而进一步带动了区域经济增长。本书的研究立足于研究产业间技术溢出效应的作用机理及过程模拟，透彻描述关联产业间技术溢出的特征及类型后，在研究理论基础上建立关联产业间技术溢出的系统分析模型，通过对长三角地区制造业的实证研究，对模型进行有效验证，从而为分析产业间技术溢出效应的研究提供有力借鉴。

1.2　国内外研究现状

根据麦克杜格尔（MacDougll）、库登（Cooden）、卡夫（Caves）等人对技术溢出的定义，产业间技术溢出可以简单概括为关联产业间溢出是由买方和卖方之间的联系产生[3,4]，由于技术的非排他性，通过联系效应导致技术从关联产业一方扩散到关联产业另一方的企业，从而促进了关联产业整体技术水平的提高。

1.2.1　技术溢出理论的研究

技术溢出的理论研究最早可追溯到 20 世纪 60 年代初，技术溢出效应的理论基础源于跨国公司的形成与发展理论[5]。总体来看，基于理论视角及理论基础的不同，关于技术溢出效应的国外理论研究大致可以划分为三个阶段。

1.2.1.1 基于跨国公司理论的技术溢出研究

技术溢出的研究最早由麦克杜格尔（MacDougall）[6]在分析外商直接投资（FDI）的一般福利效应时提出，麦克杜格尔第一次把技术溢出效应视为FDI的一个重要现象。而后，关于这一理论的研究也是基于跨国公司与东道国之间的技术扩散或转移过程而展开的。库登（Cooden）[7]、卡夫（Caves）[8,9]、芬德利（Findlay）[10]等人对此均有研究。

卡夫（Caves）以国际技术扩散为出发点，根据创新扩散对当地厂商的不同影响，第一次比较全面地分析了技术扩散可能存在三类外部性：①本来具有强大行业壁垒的产业，由于跨国公司的强行进入，垄断扭曲受到遏止，资源配置得到改善；②由于跨国公司不断增加的竞争压力或示范效应，刺激当地厂商更加有效地使用现有资源，推动当地技术效率的提高；③由于竞争、反复模仿或其他原因，跨国公司的进入将加快技术转移和扩散的速度。之后，学者们通过案例研究的方式进一步总结与明确了发生技术溢出的渠道有模仿、竞争、联系以及人力资流动等。

海默（Hymer）[11]将FDI的主要动机视为是跨国公司在不同国家的市场控制生产和市场营销的需要，以便充分利用公司专有的知识和技能资产。海默的论述表达了一个观点，即拥有专有知识和技能上的所有权优势是形成跨国公司的必要条件，否则跨国公司无法在东道国市场上与本地企业的竞争中取得优势，因为这些本地企业往往在市场环境、消费者行为以及商业经验方面具有优势知识。然而，在跨国公司与本地企业的频繁接触当中，就有可能使跨国公司的专有知识和技能不通过市场交易转移到东道国的本地企业当中，即发生技术溢出效应[12]。

卡茨（Katz）[13]在对1950年流入阿根廷制造业的FDI的研究中发现跨国公司的出现对当地企业所使用的技术具有促进作用，同时他又指出这种技术进步不仅仅发生在跨国公司所在产业，也会发生在其他产业。这可能是对FDI产业间技术溢出的最早分析。后来有的学者在对研发和生产力的研究中认识到研发在产业间溢出的重要性[14-16]。

1.2.1.2 基于国家资本流动的技术溢出研究

小泉和科佩克西（Koizumi & Kopekcy）首次在传统的国际资本流动模型

中引入技术溢出效应，构建了一个国际资本长期流动的模型，系统地论证了来自外资的溢出将使社会资本的边际产出提高到国际利率之上，从而刺激国内资本的积累，进而导致更高的资本、劳动比[17]。其结论和芬德利（Findlay）模型一致：溢出水平与外资份额正相关。其创新之处在于，通过将技术的溢出效应大胆地引入传统的国际资本流动模型，从而修正了旧模型的某些结论。

芬德利（Findlay）构建了一个由先进的发达国家对落后的发展中国家进行直接投资和技术扩散的一个简单内生、动态模型，检验了诸如技术差距、外资份额等静态特征对技术扩散率的影响[18]。

1.2.1.3　基于竞争理论的技术溢出研究

20 世纪 80 年代，以达斯（Das）为代表的一些学者着重研究了竞争型的技术溢出效应。达斯发现，技术溢出已对跨国公司（MNC）子公司构成了一种潜在成本，因为“免费搭车”的当地企业迟早会变得足以与跨国公司相抗衡[19]。达斯认为，尽管存在着潜在的技术溢出效应，跨国公司只要引进先进技术，仍是有利可图的。达斯构建的模型的进步之处在于充分考虑了跨国公司子公司承认技术溢出存在的事实，但在实际上仍忽略了当地企业的决策和行为。

王建业和布洛姆斯汤姆（Blomstrom）将技术溢出视为跨国公司子公司和当地企业间策略性竞争的内生现象，构建了一个关于跨国公司子公司与当地企业博弈的基本模型[20]。

无论跨国公司子公司还是当地企业，都可能通过其投资决策影响溢出水平：跨国公司对新技术的投资越多，技术溢出也越多；当地企业对学习的投资越多，其吸收溢出的能力就越强。该模型的贡献在于强调了东道国企业的竞争行为在促进跨国公司的技术转移中所扮演的重要角色，跨国公司和本地公司都有能力通过它们的投资决策来影响技术转移的程度[21,22]。

1.2.1.4　现代产业间技术溢出理论

阿罗（Arrow）最早发现产业部门间技术相互溢出这一重要现象，他发现，在现代经济社会中，产业部门都会进行一定的研发投入，以减小生产成本或者提供新的产品或服务，但是巨大的投入所产生的新的知识本身却具有易传播的性质，容易通过各种渠道（如产业部门间人员的流动，有形产品所透露的信息等）渗透到其他产业部门[23]。

20 世纪 90 年代以来，涉及技术溢出的最新理论和研究主要存在于以下几个方面：

（1）以溢出为前提的厂商理论，主要以克利班诺夫（Klibanoff）、莫杜什（Morduch）、李（Lee）、博伊索特（Boisot）、波亚格（Poyago）、西奥托基（Theotoky）等人为代表。克利班诺夫和莫杜什研究了厂商间的技术扩散问题。在一般竞争模型中，经济外部性导致技术溢出的厂商的无效率，无效率往往与外部性呈正相关[24]。克利班诺夫和莫杜什研究发现，在溢出条件下，只有通过合作才能提高经济效率。李比较了两种技术定位下小厂商的技术创新，发现在新技术背景下，厂商内部的研发活动及其外部的技术联系均变得更为活跃[25]。博伊索特利用文化空间为分析工具，分别探讨了新古典学习和熊彼特学习对厂商技术水平的影响[26]。

（2）博弈论中的溢出分析，主要以卡普木（Kapur）和齐斯（Ziss）为代表。卡普木通过构建一个博弈模型，考察了信息不确定下溢出对厂商学习行为的影响[27]。齐斯则构建了一个有溢出的两阶段（研发阶段和生产阶段）双边寡头博弈模型，将不合作方式与合资（研发阶段的勾结）、定价（生产阶段的勾结）及合并（研发和生产阶段的全面勾结）三种方式一一做了比较，并评估了各种勾结方式改善福利的条件：在溢出足够大时，上述三种勾结方式的福利水平都高于不合作方式，其中合并的福利水平最高，定价的福利水平低于合资[28]。

（3）策略联盟中的溢出分析，以古格勒和邓宁（Gugler & Dunning）、哈格顿（Hagedoorn）和戴思特斯（Duysters）等人为代表。古格勒和邓宁发现，策略联盟是创造、维持和提高厂商技术优势及其创新活动区位配置的互补性组织形式；策略联盟的国际技术溢出因行业而异；研发联合企业只是有关技术创造、扩散组织内和组织间复杂网络的一部分；策略联盟分析可以融入以增值活动国际化为研究对象的主流经济学和有关的厂商理论[29]。哈格顿（Hagedoorn）考察了 20 世纪 80 年代非核心技术的策略合作，揭示了厂商间策略技术联盟的基本趋势[30]。迪外思德斯特（Divisdst）和哈格顿在分析厂商研发活动、创新产出和策略技术合作的国际化趋势时发现，即使是信息这样的全球性产业，创新的国际化程度仍然不高[31]。石井明（Akira Ishii）和拉巴埃米尔（Rabah Amir）将企业间技术联盟视为一个共享技术知识的平台组织形式，以专利引用数作为衡量标准，证明了战略联盟确实具有促进企业间知识流的作用，并指出伙伴企业间技术的、地域的和商业的相似性对企业间知识共享具有积极影响，其实证研究也证明了联盟企业间技术转移程度要超过非联盟企业，联盟研发活动是一种知识的学习与适应过程[32,33]。

（4）溢出效应和“干中学”理论，主要以帕伦特（Parente）、科伦坡（Colombo）和莫斯科尼（Mosconi）等人为代表。帕伦特研究了技术扩散、干中学和经济增长之间的关系。他设计了一个特定厂商选择技术和吸收时间的干中学模型，认为在前后各种技术吸收之间，厂商通过干中学积累的专有技术知识为进一步的技术引进做好了准备[34]。他还证明，厂商技术吸收的决策和产出增长依赖于资本市场的有效性。科伦坡和莫斯科尼分析了复合型技术早期扩散的兼容性和累积性学习效应，认为干中学效应是技术扩散路径中技术经验的增函数[35]。

（5）组织技术的溢出分析，这类分析以银行组织技术的研究为重点。主要以麦肯德里克（Mckendrick）、布扎奇（Buzzacchi）、科伦坡（Colombo）和马里奥蒂（Mariotti）等人为代表。麦肯德里克发现，银行业组织技术模仿的来源大多数属非市场中介型；同一行业内不同厂商专门知识的来源呈多样化发展趋势[36]。布扎奇、科伦坡和马里奥蒂认为，大多数从事技术创新和扩散问题研究的经济学家只以制造业为例，忽略了发达国家服务业比重不断上升的事实，所以他们就意大利银行业的技术扩散进行了探讨[37]。

（6）以需求网络外部性为前提的理论分析，主要以岳山（Takeyama）、崔（Choi）、本特和斯皮格（Bental & Spiegel）为代表。岳山（Takeyama）研究了需求网络外部性下知识产权未经许可再生产的福利含义。结果发现在需求网络外部性出现时，未经许可的知识产权再生产不仅能产生比无复制更大的厂商利润，还会导致社会福利的帕累托改善[38]。崔研究了网络外部性下兼容性选择和人为商品废弃间的关系，认为垄断者制造与过去产品兼容的新产品将抑制垄断者的最优动态行为[39]。本特和斯皮格检验了网络外部性下网络竞争、产品质量和市场覆盖率之间的关系，发现非合作型产业结构相对于合作型产业结构会导致更大的市场覆盖率[40]。

此外，还有一些其他方面的理论模型。例如，卡斯特拉尼（Castellani）

构建的不完全竞争下工作培训及其人力资本流动的模型[41]；考恩和弗雷（Cowan & Foray）构建的军事和民用 R&D 双重技术溢出模型等[42]。

综上所述，20 世纪 90 年代以来国外有关技术溢出的理论研究已经突破了以跨国公司为核心的分析框架。不仅将原有的以跨国公司为中心的厂商理论作了进一步的发挥，而且还将技术策略联盟这样的新现象融入了理论探讨[43,44]；不仅考察了以制造业为主的生产技术扩散外部性的方方面面，而且展开了对服务业为主的组织技术的深入研究；不仅扩展了原有的厂商理论，而且还将策略论和博弈论大量引入技术溢出的分析。因而有效地解决了理论分析的技术性问题，使得技术溢出的相关理论更加系统和完善。

20 世纪 80 年代我国改革开放后，外国投资开始不断进入我国。随着外资的不断大量进入，我国学者对技术溢出效应的系统研究开始于 20 世纪 90 年代，但研究大都集中在实证方面。

理论研究方面比较有代表意义的是蒋殿春建立的有关跨国公司与东道国厂商之间的技术创新博弈模型，研究双方研发投资项目和规模的战略，推演出双方在研发项目上的投资偏好[45]。他的研究表明：跨国公司往往会比国内生产厂商进行更多的研发活动；跨国公司更倾向于风险较小、生产成本节约或产品性能改良幅度也较小的技术创新项目，在可能成为新一代产品核心技术的革命性创新上，东道国企业比跨国公司的创新动机更强。谢建国在一个两阶段古诺竞争模型基础上，研究了东道国市场竞争及国内企业的模仿与吸收行为对跨国公司一次性技术转移的影响[46]。结果显示，在东道国企业模仿能力有限的情况下，跨国公司低水平技术的直接投资将损害东道国企业并降低东道国的社会福利水平；东道国维持一个适度有序竞争的国内市场，对跨国公司的直接投资进行有选择的甄别比单纯的竞争战略更有利于跨国公司的技术转移与技术扩散。

1.2.2 技术溢出模型的研究

国外学者对技术溢出效应的计量经济学检验主要集中在产业内溢出方面，技术溢出的实证研究基于数据来源种类的不同大致可以分为两种：基于横截面数据的应用研究和基于面板数据的应用研究。

1.2.2.1 基于横截面数据的应用研究

由于受到数据不足的限制，学者们多是使用的部门横截面数据（cross-sectional data），他们都是在部门生产函数的框架中，以跨国公司子公司在东道国的比重为解释变量，得出国内企业的生产力和跨国公司子公司的生产力之间存在正相关性的结论，证明 FDI 的技术溢出效应。

凯夫斯（Caves）分别检验了加拿大和澳大利亚的 FDI 技术溢出效应。他选用这两个国家在 1966 年制造业的行业横截面数据，发现在加拿大制造业中，当地企业的利润率与行业内的外资份额呈正相关，而在澳大利亚制造业中劳动生产率与行业内的外资份额也呈正相关。由此他认为，在加拿大和澳大利亚的制造业中存在着 FDI 的正技术溢出效应[47]。格洛伯曼（Globerman）采用加拿大制造业 1972 年的横截面数据进行的实证研究也得出了相同的结论[48]。

布朗斯特罗姆和沃尔夫（Blomstrom & Wolff）选用墨西哥的行业时间序列数据，检验了某些特定产业内外资的进入对当地企业生产率的影响[49]。结果表明，当地企业的生产力水平与跨国公司子公司的生产力水平存在趋同现象，同时当地企业生产力水平提高的速度与行业内的外资份额呈正相关关系，从而也得出了存在正溢出效应的结论。

1.2.2.2 基于面板数据的应用研究

但是仅仅根据横截面数据检验得出的正相关性结论，还无法断定溢出效应是否真实存在，因为它有可能意味着 FDI 确实产生了正的外部性，也有可能是因为外资企业所投资的部门本身具有较高的生产力而形成的。换句话说，上述的实证分析结论均存在样本选择偏误，无法建立可信的因果关系[50-52]。此外，横截面数据无法考察跨国公司的进入和运转随着时间的推移对东道国企业的影响，而技术的扩散从本质上来讲是一个动态现象，因此这些研究仅凭短期效应而推断出的结论具有严重的局限性。

为此，学者们开始用面板数据（panel data）取代横截面数据，然而实证分析的结果却并不令人满意。虽然有些分析得出了正的 FDI 技术溢出，但是不少实证分析，特别是对转轨国家和发展中国家的研究多数没有发现水平技术溢出，即便有，也只局限于少数产业中。

艾特肯和哈里森（Aitken & Harrison）选用委内瑞拉制造业的企业面板数据，发现在该国全国范围内存在普遍的负溢出效应[53]。艾特肯、哈里森和李斯（Aitken，Harrison & Lispesy）提出跨国公司会抢占当地的优秀人才并拉高当地劳动力市场的工资率，加重当地企业工资负担，而这些优秀人才即使发生流动也不是回到当地企业而只是在跨国公司之间流动，使当地企业通过人才流动获得溢出的可能性大大降低[54]。艾特肯和哈里森（Aitken & Harrison）总结了三点原因：首先，可能是当地企业和跨国公司之间的技术差距过大，当地企业缺少吸收溢出的能力；其次，跨国公司会采取种种手段阻止外泄；最后，跨国公司利用技术和规模优势可以在短时间内抢占当地的市场，缩小当地企业的生存空间[55]。

哈达德和哈里森（Haddad & Harrison）曾对摩洛哥制造业1985～1989年间的企业和行业面板数据进行了考察，也没有发现存在明显的正溢出效应[56]。

刘（Liu）考察1991～1995年间英国制造业的行业面板数据，发现在英国制造业也存在明显的FDI正溢出效应，同时他还发现在技术差距比较小的行业里溢出效应更加明显[57]。与库科（Kokko）的观点相类似，他认为，这是由于在技术差距较小时，当地企业具有较高的吸收能力所导致的[58]。

吉玛和韦克林（Girma & Wakelin）选用英国制造业在1988～1996年间的企业面板数据，进一步研究了参与FDI的不同国家对溢出效应的影响[59]。检验结果表明，参与FDI的国家不同，产生的技术溢出效应也不同，如日本企业的FDI溢出效应最大，而美国企业的FDI溢出效应则很小。他们认为，这是由于美国企业所使用的技术相对比较陈旧。转型国家中，刘（Liu）对中国的研究和王政、李华群的研究同样发现了正面溢出效应[60,61]。

德里菲尔德（Driffield）运用英国制造业1989～1992年间的行业面板数据，研究了跨国公司通过投资和产出以及研发的技术溢出效应，没有发现任何投资、产出以及研发能带来溢出效应的迹象[62]。

木下（Kinoshita）考察了捷克制造业1995～1998年间的企业面板数据，发现如果外资份额是由独资企业和合资企业两部分组成，当地企业的生产力水平呈现负溢出效应[63]。

对于溢出效应不明显甚至为负，巴里（Barry）认为，产品市场上的竞争难以产生负溢出效应。在东道国劳动力市场上跨国公司与当地企业在劳动力，特别是熟练劳动力需求方面的竞争可能会导致负溢出效应的产生。这些研究也促使一些学者开始对研究的角度有了新的考虑，将长期被忽略的产业间效应纳入分析中来，希望能有所突破[64]。

真正清楚地分析关联效应与 FDI 技术溢出两者间的关系的实证研究始于库格勒（Kugler），其运用一个大样本研究，表明在哥伦比亚制造业中，一个部门的 FDI 与另一个部门的生产力增长之间存在格兰杰（Granger）因果关系，但是他并未用后向关联或其他的因果机制来解释这种部门间的技术溢出[65]。他的尝试引来其他学者的关注[66,67]。

布莱洛克（Blalock）在对印度尼西亚的实证分析中，明确地提出了 FDI 的水平溢出和垂直溢出的表示方法并得出正的后向溢出。随后不少学者依照他的方法陆续对一些国家的 FDI 的技术溢出效应进行了研究[68]。

达米亚（Damijan）对东欧十大转轨国家的 8000 多个企业的大样本数据进行检验，他发现 FDI 通过后向关联在保加利亚、捷克、匈牙利、波兰、罗马尼亚和斯洛维尼亚形成了产业间溢出[69]。

迄今为止，我国学者对技术溢出效应的实证研究主要集中在以下两个方面：

一是对 FDI 水平溢出效应存在性的检验。秦晓钟和胡志宝利用全国第三次工业普查数据中全部 39 个行业的数据，通过对扩展的柯布－道格拉斯生产函数进行对数回归的方法，发现 FDI 产生了正面溢出效应，而且这种外溢效应对内资企业总产出的贡献超过内资企业员工数量对内资企业总产出的贡献[70]。何洁利用莫乔斯（Moschos）提出的“经济发展门槛效应”，推导出决定 FDI 溢出效应大小的“经济发展门槛”，对研究范围内的 5 年共 140 组数据进行了回归分析。结果表明，无论各省的经济发展水平如何，即是否在“经济发展门槛”之下，FDI 在我国各省份的工业部门中都存在明显的正向溢出效应，且在经济发展水平越高的地区，这种溢出效应的作用越大[71]。

二是主要集中于用计量方法检验 FDI 行业间技术溢出，并发现后向关联是比前向关联和水平联系更重要的溢出途径。姜瑾和朱桂龙的研究表明 FDI 产生了显著的行业内溢出和前向溢出效应，但后向溢出效应为负[72]。杨亚平的研究表明，FDI 通过水平方向对内资企业产生了“挤压效应”，水平溢出效应为负，后向关联溢出效应为正，且比行业内溢出更重要，前向关联溢出不显著[73]。许和连等却认为 FDI 在我国发生了积极的水平和后向溢出效应[74]。

学者们的相关研究的结论并不一致，但是都承认行业间溢出效应的存在。

1.2.3 技术溢出的影响因素研究

迄今为止，受到普遍重视的、被认为可能影响产业间溢出效应的主要因素包括技术水平或技术差距、人力资本、市场竞争等。

在影响产业间技术溢出影响因素方面，贾沃里克（Javorick）认为，研究者可能在错误的地方寻找 FDI 的溢出效应，溢出的渠道更可能发生在行业间中而不是行业内（即水平方向）上[75]。

对 FDI 溢出效应存在与否的过分关注，也使一些学者认识到：从现有研究应得出的教训是应该重视对影响因素的研究而不是对整体层面上 FDI 技术溢出是否存在的研究。不考虑不同环境以及国家因素、行业特征、投资主体的研究思路和高度简化的计量模型等研究方法易得出片面性的结论[76,77]。

对行业的技术水平或行业内内资与外资企业的技术差距对溢出效应的影响的研究是最为丰富的。以芬德莱（Findlay）为代表的早期经验研究以及 1999 年肖霍姆（Sjoholm）对印度尼西亚的经验研究表明，技术差距越大，溢出效应也越大。他们认为，本地企业与外资企业的技术差距越大，本地企业越具有追赶和学习的空间，因此劳动生产率的提高也就越快。然而库科（Kokko）对乌拉圭的研究以及刘（Liu）对英国的研究却得出了相反的结论，他们认为，当外资与内资的技术差距较小的时候，溢出效应才是明显的[78]。

东道国获得技术外溢效应的必要条件之一就是东道国拥有经过良好训练的人力资本。纳鲁拉和韦克林（Narula & Wakelin）指出，东道国吸收能力的一个重要组成部分就是人力资本水平[79]。纳尔逊（Nelson）和费尔普斯（Phelps）认为一个国家引进和使用新技术的能力来自国内的人力资本存量。人力资本越高，往往技术进步的进程越明显。后来的实证研究，包括本哈比（Benhabib）和斯皮格（Spiege）、博伦什泰因（Borensztein），格雷戈里奥（Gregorio）和李（Lee）以及徐斌（Bin Xu）等都纷纷扩展了人力资本变量，来确定实现技术外溢效应的人力资本的“临界值”。这些实证研究都表明，发达国家技术转移效果比较明显，而欠发达国家技术转移效果不明显，其原因就是欠发达国家没有充足的人力资本吸收跨国公司的技术转移[80,81]。

埃米尔、金和特罗日（Amir，Jin & Troege）指出市场竞争是 FDI 行业内溢出效应的主导机制，对于跨国公司来说，如果子公司在东道国市场面临强大的竞争压力，那么为了维持其市场份额，它们只能向子公司转移更多的先进技术。在这种情况下，FDI 的溢出效应会随着市场竞争激烈程度的提高而增加[82]。

国内对技术溢出效应的影响分析也主要集中在产业内技术溢出的分析。赵保国实证得出对跨国公司技术溢出有显著作用的影响因素主要为：与供应商发生联系时技术被模仿或主动传授、与中介机构联系、其他竞争企业对本公司的技术模仿以及创新的数量与同行业竞争者相比这四个因素，它们对跨国公司技术溢出均起正相关作用。在我国这些因素越显著，技术溢出程度越高[83]。张诚等指出跨国公司的技术溢出效应的强度受到多种因素如当地企业的学习能力与吸收能力市场环境等的制约[84]。姚利民和唐春宇研究了关于独资与合资对国有工业企业劳动生产率的影响，他们发现，独资优于合资。该研究从定性的分析认为：合资合作形式似乎更有利于技术的扩散和学习，溢出效应应该更为明显，但是，合资双方地位相差大，技术的联系更多地表现为技术垄断和依赖而不是技术的溢出和创新；另外，独资形式较之合资与合作形式一般引进的技术更加先进，技术溢出的起点高[85]。

范陈泽和高山行建立一个概念模型，得出了理论上影响跨国公司在东道国技术溢出的主要因素，通过对 136 份有效问卷的分析验证了部分假设。分析结果证明，有 4 项主要因素显著影响了跨国公司对我国的技术溢出[86]。

陈涛涛利用我国 84 个四位码行业的数据，分别对“行业的开放程度”“对外资企业进入形式的限制”和“合资企业中外方所持比例”三方面政策因素对行业内溢出效应的影响进行了研究。研究结果表明，“行业的开放程度”和“对外资企业进入形式的限制”对内资企业吸收外资企业的溢出效应有一定的积极效果，但“合资企业中外方所持比例”对溢出效应的影响并不清晰[87]。

冼国明和严兵采用面板数据的分析方法，对外商在华直接投资的溢出效应进行了初步分析，实证结果证明外资正面溢出效应的存在。进一步的研究表明，内外资企业之间的技术水平差距对溢出效应有较大影响。在技术水平差距较大的行业以及外资企业外向型程度较低的行业中，外资产生了更显著的溢出效应[88]。

孟亮、宣国良和王洪庆使用中国各地区相关数据，分析了不同来源 FDI 在我国工业部门产生的技术溢出效应差异。发现在总体层次上，港澳台资产生了明显的技术溢出效应，而其他外商投资没有表现出显著的技术溢出效应。通过进一步研究经济发展程度对技术溢出效应的影响，发现只有在经济发达地区，港澳台资才产生了明显的技术溢出效应[89]。

在产业间技术溢出的影响因素方面，此类研究较少。周燕和齐中英从 FDI 的来源地、市场导向、所有权模式等方面对不同特征的 FDI 溢出效应进行了经验研究，但因其采用的数据是横截面数据，其结论有待进一步论证[90]。

1.2.4 研究评述

尽管在近十几年中，国内外的学者对关联产业间技术溢出进行了不少的深入研究，但由于各个学者的研究背景不同，再加上技术溢出本身的复杂性，目前的相关研究还比较薄弱，并存在一定程度的混乱，缺乏系统的理论分析框架。综合而言，无论是国内还是国外，关联产业间技术溢出的研究都还处于一个成长阶段，很多问题的研究尚待深入，尤其是作为技术溢出的基础理论的技术溢出过程研究还相对滞后。理论来源于实践，反过来又能够指导实践，技术溢出过程研究的滞后，显然不利于发挥技术溢出理论对实践的指导作用。

1.2.4.1 产业间技术溢出的研究

通过对技术溢出研究轨迹的简要考察可以发现，就目前而言，国外关于技术溢出问题的研究基本上都是从微观角度把企业作为一个溢出主体进行的分析，国内关于技术溢出的研究大多基于 FDI 对东道国技术创新及其区域经济的影响这一角度展开的，而对于产业之间相互的技术溢出效应的定性与定量研究却较少，更缺乏“关联产业”这一层面技术溢出的研究。

1.2.4.2 技术溢出效应的演化机理

从以往的研究来看，对于技术溢出演化机理的解释多数是从宏观角度进行分析。事实上，技术溢出作为产业在功能上的联系、扩散与转移过程，是以专业化分工作为其微观经济基础的。因而，从专业化分工入手研究，既能够对技术溢出最初的动因进行解释，又能进一步描述技术溢出演化的路径。

忽视技术溢出的分工基础，就无法研究企业个体间的行为机理。

1.2.4.3　技术溢出效应的影响因素

虽然近年来有些学者意识到不考虑不同环境以及国家因素、行业特征、投资主体的研究思路易得出片面性的结论，对溢出效应存在与否的关注转向技术溢出效应的影响因素的研究。但从已有的文献上来看，对技术溢出效应的影响因素研究还处于初级阶段，大都集中在同一行业的范围内。同时，由于对技术溢出系统复杂性特征刻画不够全面，导致对演化机理的分析不能综合不同因素的作用，也忽略了各个因素之间相互作用关系。

1.2.4.4　技术溢出过程的研究

从现有研究来看，作为技术溢出的基础理论的技术溢出过程研究还相对滞后，对于系统技术溢出演进过程的分析或描述多数是不深入和不透彻的，且定性研究较多。定性分析技术溢出过程各阶段特征往往缺乏一个客观的衡量尺度。只有提供了定量的判定标准才能更好地描述和把握技术溢出的方向，也才能从技术溢出的角度来对技术溢出的各个阶段进行判定，进而为正确引导技术溢出过程提供合理的政策指导。

1.3　研究目的和意义

技术溢出的研究已经形成了一定的理论与实践的研究基础，但是该理论在一些具体方面还需要进一步的完善与验证，随着关联产业技术溢出体的广泛出现和产业间的大规模技术溢出，建立对关联产业间技术溢出的研究框架是一个较为新颖和有价值的研究课题。

本书的研究目的是探索关联产业间技术溢出过程中各影响因素是如何作用的，建立该类研究的研究框架。本书通过对关联产业间技术溢出的特征和类型分析，识别出关联产业间技术溢出的路径，探讨该种技术溢出的理论基础，构建关联产业间技术溢出的系统分析模型，最终以长三角地区为研究对象，对本书建立的研究框架进行验证，旨在帮助关联产业技术溢出体明确产业间实现技术溢出效应的影响因素及其路径，有针对性地改进关联产业间技术溢出过程中的薄弱环节，提升企业层面乃至产业层面的技术存量，促进关联产业体的快速健康发展，获取和保持其竞争优势。

本书的研究意义如下：

（1）理论意义。目前多数研究都是侧重于技术溢出的某一方面，对技术溢出的影响因素、技术溢出的过程，尤其是技术溢出的内在机理并无过多涉及。因此，建立技术溢出的演化分析框架，具有重要的理论意义。另外，有助于进一步细化从关联产业体角度对技术溢出的研究。

（2）现实意义。在当前科技竞争日益激烈的环境下，研究关联产业间技术溢出，对充分利用和发挥技术扩散的正效应，保护技术创新方的权益具有重要的意义。研究关联产业间技术溢出就是研究如何有效地采取合理的技术创新战略，实现技术进步，进而优化产业结构，对于提高产业自身的竞争优势，获取最佳的经济效益和社会效益具有特别重要的现实政策意义。有助于清晰认识技术溢出的趋势和规律，适时调整相关的产业政策；有助于关联产业体的技术溢出向更高层次演化，保持产业经济的可持续发展；有助于后发地区制定符合本地区要素优势和特定条件的技术溢出政策，合理认识特定技术溢出的演化过程。

1.4 主要研究内容方法

1.4.1 研究的主要内容

本书的研究立足于研究产业间技术溢出效应的作用机理及过程模拟，透彻描述关联产业间技术溢出的特征及类型后，在研究理论基础上建立关联产业间技术溢出的系统分析模型，通过对长三角地区制造业的实证研究，进行有效验证，为产业间技术溢出效应研究提供有力借鉴。为了实现本书目标，重点进行以下几方面内容的研究。

1.4.1.1 关联产业间技术溢出的机理

在关联产业间技术溢出的演化机理的分析中，对专业化分工在关联产业间技术溢出个体的出现及其行为做出了经济学模型及理论解释，从个体行为到群体行为角度分析了技术溢出模块化机理，在此基础上，确定关联产业间技术溢出的三条路径。

技术溢出的形成是专业化分工的产物，是人们为降低专业化分工产生的交易费用和获取由分工产生的报酬递增的一种空间表现形式。产业分工的深化和专业化协作的发展是技术溢出实现外部规模经济的内在源泉，而外部规模经济内涵的扩大又跟专业化分工的深化密不可分。因此，专业化分工的发展深化有力地推动了技术溢出的产生和发展。具体体现在以下几个方面：第一，技术溢出的产生是为了降低分工所带来的交易费用；第二，技术溢出是分工发展的高级阶段；第三，技术溢出的发展反过来又会提高交易效率，降低交易费用，从而促进分工的演化。

1.4.1.2 关联产业间技术溢出效应的影响因素分析

从目前的研究来看，有关影响行业内技术溢出效应的主要因素如技术水平或技术差距、人力资本、市场竞争等已得到普遍认可，但有关行业间技术溢出的影响因素还处于探索阶段。本书将沿着技术溢出的人员、资本和研发水平三个主要路径探索各自路径下的影响因素的相互作用关系及作用程度，为技术溢出的提升策略奠定基础。

1.4.1.3 关联产业间技术溢出过程系统模拟

在有效识别技术溢出的前提下，本书首先利用非变权组合方法对现有单一识别指标进行组合，建立综合识别指标。然后利用系统动力学模型模拟产业间技术溢出过程，在阐述系统动力学模型的优点及其在解释产业间技术溢出方面的适用性与有效性的基础上，提出系统动力学分析问题的系统框架，在框架范围内定义各个主要变量，分析决定技术溢出效应发挥的各个因素“流”的因果关系回路，详细解释人员、资本、研发水平三个因素在产业间技术溢出中的作用机理。最后构建技术溢出效应系统流图和系统动力学模型，并且给定了系统动力学模拟仿真产业间技术溢出的参数值，讨论该模型在应用过程中的初始条件，为产业间技术溢出的系统研究提供可操作的模型。

1.4.1.4 关联产业间技术溢出系统动力学模型应用研究

本书拟选取长三角区域的产业群体作为研究对象，对前述分析的关联产业间技术溢出机理、关联产业间技术溢出的系统模拟进行系统的实证分析，根据分析结果对区域的产业发展提出政策建议。针对系统动力学方法得出的模拟结果和预测结果总结出整体提升策略，并根据不同路径下技术溢出影响因素相互关系的回归分析结果提出建议。

1.4.2 研究方法与技术路线

本书研究的方法主要包括：

1.4.2.1 文献研究

本书通过对技术溢出理论、关联产业理论等领域内文献的研究和综述，提出研究的议题。本书基于管理学科视角，融合其他领域的研究成果，借助于其他学科的研究工具，研究关联产业间的技术溢出。文献研究是本书的研究基础。

1.4.2.2 理论研究方法

在关联产业间技术溢出的演化机理的分析中：首先，从系统结构熵理论角度解释了关联产业间技术溢出从无序到有序的复杂性过程；其次，再进一步对专业化分工在关联产业间技术溢出个体的出现及其行为做出了经济学模型及理论解释；最后，在此基础上，从个体行为到群体行为角度采用博弈论方法分析了技术溢出的模块化演化机理。

1.4.2.3 实证研究方法

本书运用结构方程实证研究方法，采用统计分析技术，对关联产业间技术溢出的各影响因素间关系及影响程度进行分析。

1.4.2.4 系统研究方法

技术溢出是一个复杂的系统，其内部每个主体都有一定的资源和适应性、主动性，有自己的目标、内部结构和生存能力。主体之间具有一定的信息和物质交流。各个主体在这种持续不断的交互作用的过程中，不断学习和积累经验，并根据所学到的经验改变自身的结构和行为方式。研究如此错综复杂的作用关系，必须以系统理论为基础，按照技术溢出本身的系统性，综合地、全面地进行研究。

本书在详细论述国内外研究现状后，应用理论研究方法对技术溢出的理论基础进行了系统的总结归纳。从技术溢出的复杂性、专业化分工与技术溢出演化机理以及模块化演进三个方面阐明理论基础。在此基础上，将系统动力学模型应用于技术溢出过程的模拟，通过结构方程简化模型，最后将该模型应用于长三角地区的实证研究。具体技术路线见图1-1。

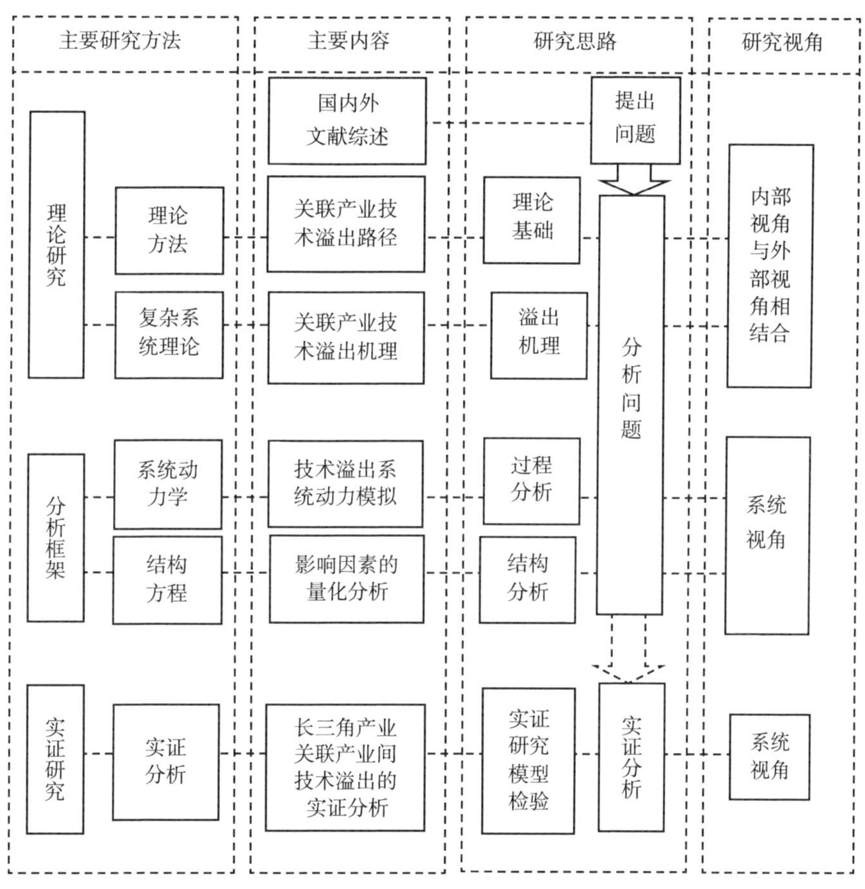

图1-1 研究结构与方法

第2章

关联产业间技术溢出的理论基础与分析框架

2.1 理论术语的界定

2.1.1 相关概念术语定义

研究技术溢出及其类似概念以前，首先对“技术”概念进行界定。技术可以定义为：技术是人类在自身生存和社会发展所进行的实践活动中，为达到预期目的而根据客观规律对自然和社会进行调解、控制、改造的知识、技能、手段、规则、方法的集合。

“技术”是一个系统，表现为一种动态过程，存在于人和自然、人和社会的相互作用的发展过程之中，是主体和客体在发展过程中的统一。第一，技术是生产和生活领域内，人们运用自然科学知识和经验，进行各种生产和非生产活动的技能，以及根据科学原理利用自然力去改造自然的一切方法。第二，技术泛指根据生产经验和自然科学原理而发展成的各种操作方法和技能。广义上，还包括相应的生产工具和其他物质设备，以及生产的工艺过程或作业程序、方法。第三，技术包括劳动者的劳动技能、劳动工具（包括机械设备）和劳动对象三部分，缺一不可。

在以往的研究中，最容易与技术溢出相混淆的概念是技术扩散。技术溢出与技术扩散是一对难以区分的概念，因为对技术扩散的含义尚无统一的界定，对技术溢出的认识基本上属于现象的描述。

技术溢出与技术扩散的区别不只是按传播论的观点难以区分，按效益论的观点也无法鉴别。借鉴前人的研究成果，本书对其定义如下：

技术扩散是技术在国家、地区、行业以及企业之间，研发与生产之间的传播过程。无论技术的拥有者是否愿意，这种经济行为都会输出技术，即技术的“外溢”。而广义的技术扩散既包括有意识的技术转移，也包括无意识的技术传播（技术溢出）。

技术溢出是技术扩散的一个构成部分，它泛指技术领先者对相关企业（或行业）及其他企业等技术进步产生的积极影响。技术溢出是指贸易或其他经济行为中，先进技术拥有者有意识或无意识地转让或传播他们的技术。

2.1.2 关联产业间技术溢出的内涵

关联产业是与主体产品或服务运行密切相关的产业。关联产业是直接配合和围绕主导产业发展起来的产业，它在投入产出或工艺、技术方面与主导产业的联系最直接也最密切，可以说是为主导产业的建设发展而存在的。关联产业是主导产业的配套协作部门，因主导产业的不同而有所不同。

据此，综合前人的研究成果，本书将“关联产业间技术溢出”定义为在投入和产出方面的相互联系和相互影响的各产业之间，既不是在经济活动本身内获得利益，也不是由该项活动的产品的使用者获得利益，技术拥有方不能直接受益的技术扩散称为关联产业间技术溢出。

2.2 关联产业间技术溢出的理论基础

2.2.1 技术溢出的复杂系统理论

技术溢出是一个自组织复杂系统，其内部每个主体都有一定的资源和适应性、主动性，有自己的目标、内部结构和生存能力。主体之间通过特定的学习机制进行一定的信息和物质交流。学习机制意味着“通过聚集，企业和技术人员，管理人员等可获得相关生产和技术知识传播积累的便利，从而产生潜在收益的增长。”（祝洪章）[91]各个主体在这种持续不断的交互作用的过程中，不断学习和积累经验，并根据所学到的经验改变自身的结构和行为方式，由此导致技术溢出涌现出整体具有、孤立的部分或要素及其总和所没有的性质和功能，称之为技术溢出的整体涌现性。

技术溢出是开放的自组织系统，其系统结构的进行是不断地与外界进行物质和能量的交换获取负熵，是由简单到复杂、由低级到高级、由无序到有序的渐进过程。下面参照生物结构熵来对技术溢出的系统结构进行描述，技术溢出的系统结构有序度 R 定义为：

$$R = 1 - \frac{S}{S_{\max}} = \frac{S_{\max} - S}{S_{\max}} = \frac{I}{S_{\max}} \tag{2-1}$$

式中：$S_{\max}$表示技术溢出系统的最大熵；S 表示溢出系统结构熵；I 表示溢出系统信息。因此，通过分析系统 I 值变化，可以有效分析系统整体涌现性。显然，I 与 R 呈正比例关系，R 值越大代表溢出系统的有序化程度越高，溢出的效率也就越高。

关联产业间溢出系统间由 l 个产业组成，对产业 i，设微观状态的数量为 W_i，最大微观状态数为 $W_{i\max}$，其对应的熵和最大熵分别为 S_i 和 $S_{i\max}$，则产业 i 的信息为：

$$I_i = S_{i\max} - S_i = k\ln W_{i\max} - k\ln W_i = k\ln \frac{W_{i\max}}{W_i} \tag{2-2}$$

从某一角度考察关联产业间技术溢出整体时，其可能呈现或经历的微观状态数和最大微观状态数为 W_S 和 $W_{S\max}$，若溢出产业具有加和特性，则溢出整体可能呈现或者经历的最大微观状态数 $W_{S\max}$ 为所有构成技术溢出的各个产业的最大微观状态数的乘积，溢出整体可能呈现或经历的微观状态 W_S 为所有溢出的各产业可能呈现或经历的微观状态数乘积。一般来说，各个产业通过相互作用构成整体后，不失一般性，设：

$$\begin{cases} W_{S\max} = C_1 \prod_{i=1}^{l} W_{i\max} \\ W_S = C_2 \prod_{i=1}^{l} W_i \end{cases} \quad C_1 > 0 \text{ 且 } C_1 \neq 1,\ C_2 > 0 \text{ 且 } C_2 \neq 1 \quad (2-3)$$

由式（2－2）得，技术溢出产业间具有的整体信息量为：

$$I_S = S_{S\max} - S_S = k\ln W_{S\max} - k\ln W_S = k\sum_{i=1}^{l} \ln \frac{W_{i\max}}{W_i} + k\ln \frac{C_1}{C_2} \quad (2-4)$$

由式（2－2）和式（2－4）得到：

$$I_S = \sum_{i=1}^{l} I_i + k\ln \frac{C_1}{C_2} \quad (2-5)$$

式（2－5）表明，溢出整体具有的信息并非各产业具有的信息简单相加的和。

当 $C_1 > C_2$ 时，溢出通过整体获得了信息，同时减少了熵值，溢出获得了超过孤立产业效率之和的竞争力，溢出将以自组织方式向有序方向进行。

当 $C_1 < C_2$ 时，溢出整体的信息小于独立产业获得的信息之和，即增加了系统的熵值，系统整体的效率和竞争力小于孤立的各个产业效率之和，溢出将以自组织方式向无序方向进行。显然，要实现技术溢出的有序进行，必须满足条件 $C_1 > C_2$，而该条件的满足需要取决于下列因素：

（1）技术溢出企业主体的黏合力。产业可以通过黏合形成较大的新的关联产业的溢出联合体，这个新的溢出联合体可以像一个产业一样行动，这样才能形成一个更高层次的产业间溢出联合体。

（2）非线性相互作用。技术溢出产业及其属性在发生变化时，尤其是在与溢出的反复交互作用中，并非遵从简单的线性关系。

（3）信息交换。技术溢出产业与外界环境之间能够进行顺畅而快速的物质、能量和信息的交换和循环周转。

（4）有效的组合机理。关联产业间技术溢出是由许多技术溢出产业组成，每个产业都具有不同的特征，因此，必须通过一种新的机理来促进其在溢出内的重新组合。而溢出效应的创新，包括技术创新、组织创新等新方式和新机理，可以有效促进溢出内部各主体进行有效的重新组合。

2.2.2 技术溢出的自组织理论

在技术溢出过程中，有一种内在动力机理在推动技术溢出的自发进行，这种自发进行机理对技术溢出的形成和发展意义重大，这就是技术溢出的自组织特性。

自组织现象是自然界中自发形成的宏观有序现象。它描述的是：一个以系统形式存在着的有机整体的发生、发展并最终表现为具有某种有序的宏观现象，这种宏观现象既可呈现于无机界，也可呈现于有机界，既可表现在生物界，也可表现在人类的生活领域。

技术溢出的自组织进行必须具备一定的条件才能自发进行，根据自组织的主流理论——普里高津耗散结构理论，一个系统如果属于耗散结构，则它必须具备开放性、远离平衡态、非线性作用和涨落四个基本条件。

2.2.2.1 技术溢出是一个开放性的系统

这一点应是毫无质疑的。尤其是对于关联产业间的技术溢出而言，它不可能将自己封闭起来。

（1）技术溢出在其发生、发展的道路上，与周围进行物质和能量交换（或者说物质和信息交流）时，本身没有“边界”的限制，技术溢出的边界在现实世界中根本就不存在。技术溢出与周围的物质和信息流的互通只有距离的远近之分，而没有有形边界像“围墙”的实质性限制物存在的影响。当然，也可以将技术溢出与周围进行物质信息流互通时的距离视为一种“边界”，因为技术溢出的主体主要是与具有一定距离的界外的区域内经济主体进行物质和信息的交流。所以，这种边界只是人们思想意识中边界的概念，或者说是为了某种表达的便利而形成的“边界”。

（2）技术溢出除了具有上述的特点使之具有开放性的特征，另外从一个系统观的视野，即将技术溢出视为一种有机体存在的思想的表述更能准确地表达技术溢出的开放性特征。早在马歇尔时代，技术溢出就已经是非常活跃的经济主体了，在耗散结构理论或系统论中，有机体本身就是一个开放性的系统。另外，无论是在生物学领域还是在其他领域，将有机体视为一个开放性的系统进行研究，已经成了一种“常识”。其实，在现在的许多学者的眼中，技术溢出本身就不是一个孤立的系统。因此将技术溢出看作是一种有机体、一种具有开放性的社会经济结构体是不难理解的。

2.2.2.2 技术溢出的非平衡性

根据耗散结构理论，孤立系统或封闭系统很容易因为自身熵的增加而自趋“灭亡”，因为它们很容易在自发状态下趋于平衡态，而平衡态，在耗散结构论中，是死亡的状态。确切地说，这种平衡态不属于耗散结构，只有耗散结构的有机体才能自发地向有序的方向进行，而一旦处于平衡态，则系统的熵达到最大，结构最为混乱和无序。在平衡态中，产业系统既与环境系统没有任何的交流，状态变量也不随时间发生变化。资源在不同产业部门之间不再进行转移，资源配置将不再发生变化。整个产业系统呈现单一、均质的特点。平衡态或近平衡态不可能有发展的活力，只有远离平衡才有发展。

技术溢出是一种远离平衡态的存在。首先，以产业作为组成单元（子系统）来考虑的技术溢出，子产业系统之间从要素（劳动、资本等）的收益率到产业之间的增长速度、需求扩张和作用地位都存在差异，是非均衡的。例如，在过去十几年中，我国电信产业发展就十分迅速，与其他许多相关产业一起构成的是一种非平衡状态的产业系统。为适应需求的变化和更有效地对技术加以利用，劳动和资本总是从技术水平高的产业部门向技术水平较低的产业部门转移。从这个意义上说，竞争均衡是一种理想状态，结构非均衡才是产业系统的常态，在非平衡状态下，并不是所有产业部门的要素收益率相等或都等于其边际生产率。

同样，在以企业为基本元素的技术溢出中，企业之间也是非平衡的。实际上，企业之间的人力和资本生产要素，以及研发投入上都存在差异，一部分企业由于规模巨大、生产技术先进，在产业发展中居于主导地位，而另一部分企业则处于从属地位。企业间在获取信息、市场占有率方面也是非平衡的。因此，生产要素和技术在企业之间的流动并不是朝着均匀的方向发展的。所以，非平衡是技术溢出的常态，这种非平衡态是从原始社会封闭的平衡的产业系统状态逐步演变而来的，在开放条件下，由于内外因素的作用，开放逐渐加大，非平衡的作用逐步增强，技术溢出逐渐从近平衡区趋向远离平衡的非线性区，使技术溢出远离平衡态。

2.2.2.3 技术溢出的涨落

根据耗散结构理论，涨落是指系统中某个变量的行为对平均值发生的偏离，它能使系统离开原来的状态或轨道。涨落是使系统产生有序结构的内部诱因。当然，当系统处于不同状态时，涨落所起的作用会迥然不同，这就是涨落的两重性。在临界状态下，涨落有可能被反馈放大为“巨涨落”，从而导致系统从不稳定状态跃迁到一个新的有序状态，即耗散结构的出现。虽然并不是所有的涨落都能导致系统呈现为耗散结构，但可以认为，任何一种稳定有序的状态，都可以看作是某种无序状态失去稳定性而使某种涨落放大的结果。

在技术溢出过程中，涨落可以看作产业结构的调整、新产品的开发、企业治理结构的改善或地方产业政策的变化，甚至是新的意识理念的产生。对于技术溢出而言，没有内部各种涨落，也就没有技术溢出的增长和发展。而且，技术溢出内部涨落如果不能被放大为“巨涨落”，技术溢出的发展将会出现停滞，甚至可能出现被周围环境“并吞”的现象并最终走向衰落。这一点将在下一章中通过组织惯性及其与技术溢出的衰退之间的关系中得到进一步解释。

2.2.2.4 技术溢出与非线性作用

非线性作用强调的是系统内部各要素之间相互作用的特点。根据耗散结构理论，系统内部各要素之间必须存在着非线性相互作用。因为只有通过非线性相互作用，才能使系统内的各个要素之间产生协同作用和相互作用，才能使系统从无序变为有序，从而产生耗散结构。如果系统内部不存在非线性相互作用的机理，即使系统处于开放和非平衡条件下，也不可能产生耗散结构。

技术溢出内各个状态变量之间相互作用的机理是非线性的。它们之间不存在简单相加的方式或特征。正是各种积极活跃的因素及其之间协同与竞争的非线性相互作用，成为推动技术溢出向前发展的作用机理。技术溢出的非线性主要体现在以下几个方面：

（1）组成技术溢出系统的子系统之间一般来讲其相互作用也不满足叠加原理，是非线性的，它们在形成整体技术溢出系统时，会涌现出新性质。在技术溢出系统状态变量中，有的对系统进行起正反馈的加强作用，有的起负反馈的弱化作用，技术溢出系统的进行存在正负反馈的非线性机理。在技术溢出的进行过程中，非线性发挥突出作用，非线性相互作用是技术溢出形成有序结构和产生复杂性的内在动因。

（2）技术溢出连续增加资本、劳动这两个生产要素投入，而关联产业体的产出率可能不会连续相应递增，相反，在投入超过一定界限后，有可能出现产出效益递减。这时，若状态变量值增加，则溢出系统状态将不能由这些增加值的简单叠加来判断，其变化将是复杂的，可能对应多个状态，甚至于产生分叉和混沌现象。

（3）关联产业体内企业之间的恶性竞争会导致整个技术溢出系统的解体。例如，过度的价格竞争将降低企业利润，甚至是技术溢出内企业通过粗制滥造、偷工减料等破坏区域品牌的手段来降低成本，使产品质量退化。同时也使企业无力进行研究和开发活动，企业创新能力下降，技术溢出长期发展的动力与活力受到破坏，还破坏了企业之间的正常信任和承诺关系网络，对技术溢出造成毁灭性的打击。

（4）非线性的协同作用，技术溢出内企业间的关系大多是以亲缘、血缘、乡缘、友情和由此发展而来的诚信关系为基础，基于这种关系的企业之间的协同作用就不像契约关系那样具有明显的线性关系，而是非常复杂的非线性关系，表现为通过亲缘、血缘、乡缘为纽带形成的相互制约、相互耦合、合理分工、差异协同、互为因果的网络。

综上可知，技术溢出是一种典型的耗散结构，具有系统自组织结构的特点和能力。但有一点必须提出，即使技术溢出在某时期内满足耗散结构的条件，也并不能保证上述条件会天然地一直存在下去，一旦作为技术溢出主体的企业或个人因外界环境的变化，而不能做出适当调整和适应时，其耗散结构的条件将可能无法全部得到满足，并最终演变为一个不再具有自发生存的主体或自组织系统而存在。对于这一点也可以从下一节的完整的理论框架的阐述中得到解释。

2.2.3　技术溢出的产业关联理论

产业关联是指各个产业之间存在的广泛、复杂和密切的技术经济联系，这种联系的大小被称为产业关联效应，其实质就是各产业相互之间供给与需求的大小。

产业关联是指产业间的供求关系而形成的产业间的经济技术联系。产业间的关联实质上就是产业间的投入产出关系。在现代社会再生产过程中，各产业间存在着各种各样的复杂联系。产业关联主要表现在产业间的产品和服务关联、产业间的就业关联、产业间的技术关联、产业间的价格关联和产业间的投资关联。产业关联的直接效应和程度可以用产业关联系数来衡量。产业关联分析借助于投入产出表对产业间在生产、分配、交换上发生的联系进行分析研究，从而了解一国国民经济各产业部门的比例关系及其特征，进而为经济预测、经济计划和产业政策服务。因此，存在技术溢出的关联产业，不但自身要有较强的增长潜力，还应该具有较大的纵向横向联系和影响，即能够通过技术的扩散和转移推进其前向各加工层次产业、带动其后向提供原材料和初级产品的层次产业的发展。通过这种关联对其他产业和整个国民经济起带动和推进作用。

产业关联的实质，就是指产业间以各种投入品和产出品为连接纽带的技术经济联系，这种技术经济联系和联系方式可以是实物形态的联系和联系方式，也可以是价值形态的联系和联系方式。由于价值形态的联系和联系方式可以从量化比例的角度来进行研究，所以，在产业关联分析的实际应用中使用最多的是价值形态的技术经济联系和联系方式。

按某一产业在产业群体和其他相关产业中的作用和联系方式，该产业与其他产业间的产业关联关系可分为前向联系和后向联系。企业通过这种产业的前向联系和后向联系，可以形成一个稠密的、与企业产品生产相关的企业联系网络，形成劳动的专业化分工，使网络内部企业形成专业化生产专、精、尖的特点，发挥较强的产业关联效应。

产业关联的理论和方法主要是20世纪30年代美国经济学家里昂惕夫开创的投入产出经济学。它借助产业联系表（即投入产出表或里昂惕夫表）对产业之间在生产、交换和分配上发生的联系进行分析和研究，从而得出产业之间数量比例上的规律性。

投入产出方法是投入产出理论的具体应用，是把一个复杂经济体系中各产业部门之间的相互依存关系系统地数量化的分析方法。区域主导产业之间存在密切的关系可用投入产出理论和方法进行分析，然后利用产业间的关联关系的特点，为进行区域产业结构调整和主导产业的选择服务。

利用投入产出分析方法，不仅可对产业间的关系进行静态的结构分析，还可对产业间的关系进行动态的波及效果分析。一般来讲，波及效果基本上有两种形式：第一种形式是当最终需求项发生变化时对整个经济系统产生的影响，第二种形式是当附加价值项有所变化时对经济系统的影响。进行波及效果分析的基础仍是投入产出表、投入系数表和逆矩阵系数表。其中，投入产出表表示该经济系统在一定时期内经济活动的综合反映。投入系数表则表示了各产业经济技术联系上的规律性，因而是进行波及效果分析的基本工具。而逆矩阵系数表在分析波及效果时的作用最大，因此也称之为“波及效果系数表”。

研究产业关联的基本分析工具是投入产出表。投入产出表，又称产业联系表，是以矩阵的形式表现区域产业结构中多产业之间相互依赖关系的一种方法，它是记录和反映一个经济系统在一定时期内各产业之间发生的产品及服务流量和交换关系的工具。由于投入产出表及其模型是在整个国民经济社会再生产的均衡关系的基础上建立的，从而为一国在一定时期内的社会再生产过程和产业之间的联系提供了有利的定量化分析工具。而且，利用投入产出分析法可以更为深刻地认识一个国家的经济现状，探索经济运动规律，预测经济变动结果和制定经济计划。投入产出分析方法可以用于编制国民经济计划，进行产业结构分析、价格变动影响研究，产业波及效果分析等。

投入产出表又分成价值型和实物型两种。价值型投入产出表是以货币为计量单位编制的投入产出表。一个国家或地区由 n 个部门（或产品）组成的价值型投入产出表具体形式如表 2-1 所示。相互垂直的加粗线把表分成左上、右上、左下和右下四部分，分别称为Ⅰ、Ⅱ、Ⅲ、Ⅳ象限。第Ⅰ象限中 X_{ij} 表示第 i 个部门的产品分配给第 j 个部门的数量或第 j 个部门消耗第 i 个部门的产品数量；该象限主要反映国民经济各部门之间由技术经济联系决定的投入产出关系。第Ⅱ象限反映国民经济各部门的年总产出、可供社会最终消费或使用的产品情况，其中 y_{3j}、Y_j、X_j 分别表示第 j 个部门最终产品中用于消费的产品量、最终产品量和总产出量。第Ⅲ象限反映国民收入初次分配的情况，其中 g_j 表示第 j 个部门增加值，即有 $g_j = D_j + W_j + M_j(j = 1，2，\cdots，n)$。第Ⅳ象限因还没能从方法论上对其加以解决，常略去不论。

表 2 – 1　　　　价值型投入产出表

投入 产出		中间产品或消耗部门					最终产品					总产出
		1	2	…	n	小计	固定资产更新改造	积累	消费	净出口	小计	
中间投入或生产部门	1	X_{11}	X_{12}	…	X_{1n}	$\sum x_{1j}$	y_{11}	y_{21}	y_{31}	y_{41}	Y_1	X_1
	2	X_{21}	X_{22}	…	X_{2n}	$\sum x_{2j}$	y_{12}	y_{22}	y_{32}	y_{42}	Y_2	X_2
	⋮	⋮	⋮	⋮	⋮	⋮	⋮	⋮	⋮	⋮	⋮	⋮
	n	X_{n1}	X_{n2}	…	X_{nn}	$\sum x_{nj}$	y_{1n}	y_{2n}	y_{3n}	y_{4n}	Y_n	X_n
	合计	$\sum X_{i1}$	$\sum X_{i2}$		$\sum X_{in}$		$\sum y_{1j}$	$\sum y_{2j}$	$\sum y_{3j}$	$\sum y_{4j}$	$\sum Y_j$	
新创造价值	固定资产折旧	D_1	D_2	…	D_n	$\sum D_j$						
	劳动报酬	W_1	W_2	…	W_n	$\sum W_j$						
	社会纯收入	M_1	M_2	…	M_n	$\sum M_j$						
	增加值合计	g_1	g_2	…	g_n	$\sum g_j$						
总投入		X_1	X_2	…	X_n	$\sum X_j$						

根据投入产出表的数据，可计算出直接消耗系数 a_{ij}，即生产单位第 j 个部门产品消耗第 i 个部门的产品量，并得到直接消耗矩阵 A；根据直接消耗矩阵 A 可以得到完全消耗矩阵 C 以及里昂惕夫逆矩阵 $(I-A)^{-1}$。

即：

$$a_{ij}=\frac{x_{ij}}{X_{ij}}(i,\ j=1,\ 2,\ \cdots,\ n) \tag{2-6}$$

$$C=A\ (I-A)^{-1} \tag{2-7}$$

$$A=\begin{Bmatrix} a_{11} & a_{12} & \cdots & a_{1n} \\ a_{21} & a_{22} & \cdots & a_{2n} \\ \vdots & \vdots & & \vdots \\ a_{n1} & a_{n2} & \cdots & a_{nn} \end{Bmatrix} \tag{2-8}$$

通过直接消耗系数矩阵、完全消耗系数矩阵以及里昂惕夫逆矩阵可以计算出产业关联的相应指标，为分析产业的直接带动作用、完全带动作用，以及前向带动作用和后向带动作用提供重要经济参数。

关联产业间技术溢出效应是通过外来公司的分支机构与当地供应商和客户之间的联系产生的。一般来说，外来投资企业与本地企业联系越紧密，它们从中受益的机会和程度就越多；而一旦外来投资企业相对孤立于本地企业，则其就有可能形成所谓的“孤岛”，从而对本地企业产生的溢出效应也就有限。

一般来说，前向联系强的企业或产业，其产品的需求部门多，产品需求量大，中间产品率高，易受需求拉动而增长与外来投资企业建立前向联系主要是应用外来投资企业的产品，由于所有权优势的作用，外来投资企业一般在技术上处于相对优势，可以应用外来投资企业的中间产品，提高终端产品的性能。

而加强与外资企业建立后向联系，目的是推进本地企业成为外来投资企业生产所需要的原材料、中间产品和组合件的供应商，推进外来投资企业采购的本地化。建立后向联系的关键是本地企业的生产匹配能力，这种联系可以围绕外来投资企业核心产品的生产，促进各种中间配套产品投入供应不断提高，产业关联度有所提高。由于外来投资企业大多生产的是产业链的末端产品，因此，后向联系比前向联系更为重要。

后向关联技术外溢主要表现为外来公司在国内进行产品配套使得技术外溢到了本地厂商。近年来，外来公司越来越注重零部件配套的本地化，国内产业为外来投资企业提供配套产品的能力不断提高，外来投资企业与我国国内产业的关联度有所提高。在国内企业为外来公司提供配套产品的过程中，外来公司为了保证产品的质量，还常常向国内企业提供技术支持甚至共同开发技术，这就使得技术外溢程度进一步加深。

2.3 产业内与产业间技术溢出的特征分析

2.3.1 关联产业间技术溢出特点

产业关联中最基本的纽带是产业之间的相互供给和需求，即每一个产业既需要其他产业的产品作为要素供给，又把自己的产品用来满足其他产业的消费。由于国民经济部门存在着错综复杂的联系，因而某一个产业在生产过程中的任何一种变化，都将通过产业关联关系对其他产业产生波及作用。国民经济各个产业之间以不同的纽带为依托相互连接起来，构成了产业间技术溢出的实质性内容。一般说来，关联产业间技术溢出具有以下特点。

2.3.1.1 产品、劳务的规模性溢出

在社会再生产过程中，一些产业部门为另一些产业部门提供产品或劳务；或者产业部门间相互提供产品或劳务。产品、劳务联系是产业间最基本的联系，而这些最基本的生产要素的流动也是关联产业间技术溢出的一种表现形式。

区别于产业内技术溢出，关联产业间技术溢出在产品、劳务的交流上更具规模性，关联产业间产品是具有前后向联系的，较之产业内的同质性，这种纵向产业链的要求对产品和劳务的要求更高，因此，产品、劳务的规模性溢出是关联产业间技术溢出的基本特点之一。

2.3.1.2 生产技术的前后向关联

不同产业部门的生产技术有不同的要求，其产品结构的性能也不同。

在生产过程中，一个产业部门不是被动地接受关联产业部门的产品或劳务，而是根据本产业部门的生产技术特点、产品结构特性，以保证本产业部门的产品质量和技术性能。而这一要求使得关联产业间的生产工艺、操作技术等方面有着必然的联系。由于产品的承接顺序及产业链的衔接要求，关联产业间的技术溢出具有生产技术的前后向关联，在具有细微同质性的同时，却更多地表现出前后向的差异性关联。

2.3.1.3 价格联系

事实上，价格联系是产业间产品和劳务联系的价值量的货币表现。产业间产品与劳务的“投入”与“产出”联系，必然表现为以货币为媒介的等价交换关系，即产业间的价格联系。

2.3.2 产业内与产业间技术溢出的表现形式

产业内技术溢出与产业间技术溢出的区别在于溢出范围的区分，两者相对立却又有共同之处。无论产业内技术溢出，还是产业间技术溢出，其溢出的表现形式无非是根据分类标准的不同而定，两者共同的表现形式如表 2 – 2 所示。

表 2 – 2　　　　共有技术溢出表现形式

表现形式	具体内容
基于溢出效果	分配效率 技术效率 技术转让
基于技术特性	生产和加工技术外溢 技术诀窍外溢 技术原理外溢
基于职能分工	市场层次的外溢 生产层次的外溢 研发层次的外溢
基于溢出趋势	趋同型技术外溢 竞争型技术外溢
基于溢出途径	关联效应 竞争效应 示范效应 培训效应
基于溢出机制	知识溢出 市场溢出 网络溢出
基于溢出方向	正向溢出 负向溢出

依据不同的分析角度，产业间的技术溢出过程可以分为不同的形式，根

据符斯巴根（Verspagen）的研究成果，关联产业间独有的技术溢出表现形式如表2－3所示。

表2－3　　关联产业间技术溢出独有表现形式

表现形式	具体内容
租金溢出	与产业部门间的商品流动有关
“纯”技术溢出	不直接与商品流动关联，而是通过大量的其他途径实现（如专利信息、反向工程、研究人员在产业部门间的流动等）

租金溢出是由于竞争压力与需求弹性，新商品的价格并没有完全反映其产品创新的质量提高；如果创新商品被用作其他产业部门生产过程的投入，后者将从溢出中得到产品创新的一部分。

纯技术溢出是对产业部门自身研发生产能力的强化。一个产业部门开发的知识可被其他产业部门以低于新知识开发时的最初成本使用，可以通过为其他产业部门的研究项目提供新的思想或数据，从而提高后者技术生产的生产力。

综合分析现有的研究成果可知，关联产业间技术溢出不仅具有技术溢出的一般表现形式，同时还具有自己独特的表现形式。本书将关联产业作为技术溢出主体，并将关联产业间的技术溢出活动归结为主要借助于技术、物质资本和人力资本来实现。

2.4　关联产业间技术溢出的分析框架

2.4.1　理论视角的选择

一个产业部门的技术进步会影响到其相关产业的发展，而其相关产业部门的技术进步又会反过来影响该产业部门的技术进步，这就是产业间技术进步的交互作用。

关联产业间技术溢出涉及多个研究个体，个体行为不同导致整个系统内个体行为复杂，为了能将所有的必要因素和对象纳入研究体系中，产业间技术溢出研究的理论视角必须以系统视角切入。

首先，复杂系统的自组织理论将关联产业视为一个研究整体，通过协同和竞争、系统内部不断斗争演化，从无序变为有序，推动技术溢出的关联产业间这个系统不断前行。

其次，在关联产业间技术溢出体这个系统不断前行的同时，通过专业化分工奠定产业间技术溢出的基础，专业化分工与技术溢出相辅相成。技术溢出降低专业化分工的费用，然后再演化成专业化分工的高级阶段。

最后，当系统进化到一定程度后，微观主体的行为对系统的影响作用已经日渐式微，系统逐步呈现模块化特征，关联产业间以模块化的形态进行技术溢出。

2.4.2 产业关联与技术溢出的融合

产业技术水平状况为关联产业间技术溢出提供了一个微观基础。一方面，从技术吸收方角度而言，这个基础越好，决定溢出的技术水平越高，实现的效果就越好。这也正体现了技术溢出所存在的“适宜性”问题。另一方面，从技术输出方角度而言，输出方的相当一部分技术溢出行为是为了充分利用技术吸收方现有的技术设施和各种资源而进行的，即一种自愿性技术溢出。因而，在其他条件不变的情况下，技术效能较高的产业更有可能促进技术溢出行为的发生。可见，在技术输出方愿意且能够转移先进技术的前提下，技术吸收方技术水平状况将影响技术的引进、消化、吸收和进一步的扩散。表现在吸收方现有的技术水平和技术能力是否能为输出方技术转移行为提供一个良好的平台，相关配套系统能否有助于实现技术的成功扩散和技术的创新，实现技术的有效、快速、良好的转移循环。可以说技术吸收方技术水平的高低直接影响到溢出技术的应用效果。

产业的技术水平和基础生产能力是影响产业间技术溢出效应的重要因素。在通常情况下，技术吸收方只是吸收适用性的技术，吸收的技术水平等同于或略高于产业部门原有技术水平。产业间技术水平的差距决定了能否发生技术溢出，一般说来，产业间技术水平差距对溢出效应有双向的作用，在技术水平差距较大的产业之间，会产生技术溢出的“势能”，增大了技术溢出的可能性，但是，当关联产业间技术水平差距过大，便会增加技术吸收方吸收技术的难度，增大了溢出成本，使得溢出效应受到影响。反之，这种双向作用也会相互抵消。

产业部门技术水平由多种因素共同决定，本书在此仅讨论三个主要方面，即关联产业间的人力流动、资本流动和研发合作。

2.4.2.1 人力流动对溢出效应的影响

关联产业间技术溢出效应的一种重要类型是人力内涵型技术溢出。

知识型人力资本的流动是关联产业间技术溢出的重要途径。这里的“流动”富有多层含义，既包括人力资本的“有形”转移，也包括人力资本的“无形”转移。产业部门的有关“产品”技术，主要内含于专业化的人力资本之中，从简单的生产性操作人员到监管人员，从高级技术人员到上层管理人员。作为技术知识的现实载体，当人力资本在产业间进行流动时，就会加速技术在产业间的传播，从而促进技术溢出效应的发生。经证实，在电脑和软件行业，一旦发生技术人员“流动”，就会产生很大程度的技术溢出效应。

作为技术的主要载体的人类已经进入知识经济时代，知识经济将取代工业经济成为主要经济形式。知识经济时代是以智力资源为依托，而人力资本是智力资源的最重要组成部分。技术本身作为一种知识，只有通过人们对它的应用才能体现出其价值。作为知识载体的高素质、高智力的技术人才无疑对产业的技术创新、技术进步起着决定性的作用。因此，人力资本的丰裕度无论是对技术吸收方吸引技术转移以形成溢出“势能”，还是对技术输出方的溢出效应都起着至关重要的作用。

从技术吸收方来讲，技术吸收方获得技术溢出效应的必要条件之一是吸收方拥有充足的人力资本，人力资本是技术吸收能力的核心因素。人力资本是一种具有特殊创造性的资源，所有消化、吸收、促进产业技术进步的工作，都需要人力资本来进行。从吸收能力的作用过程来看，从最初对知识的寻求和获得最后对知识的吸收和掌握都离不开人的参与。因此说，如果技术吸收方的人力资本水平比较高，也就意味着学习能力比较强，吸收技术输出方的技术溢出自然更容易。

产业之间的技术人员流动作为一种技术溢出渠道，当发生技术人员流动时，在产业部门积累的各种技能会随着技术人员的“跳槽”或流动而形成技术溢出。一般来讲，技术人员流动越频繁，发生技术溢出的效应就越大。

2.4.2.2 资本流动对溢出效应的影响

关联产业间技术溢出效应的另一种重要类型是资本内涵型技术溢出。

所谓资本内涵型技术溢出效应，是指由于产业之间的技术关联以及知识型人力资本在产业之间的流动，产生了技术的“外部经济”，从而带动了其他产业技术进步的过程。

产业之间技术联系的多少取决于供应商的规模及其与主理公司技术的相似性。一般来讲，这种技术联系可以分成三种：

（1）低级技术联系。在各类供应商那里都广泛存在着有关质量控制、投入说明等的信息交流活动，特别是针对较小的、次一级的合同厂家，质量控制的意义就更为突出。由于这种联系比较松散，因而对技术的溢出影响不大。

（2）中级技术联系。包括部件设计的联合开发和技术协助。在多数情况下，产业间的技术部门间存在着直接的技术合作，既存在着主理公司向小供应商输出技术诀窍的现象，也存在着个别大供应商向主理公司输出技术诀窍的迹象。这种联系对那些拥有类似生产技术、制造复合产品的大供应商来说意义比较重大。

（3）高级技术联系。一般发生在根据供应商能力进行全新设计的研究、开发过程中。

2.4.2.3 研发合作对溢出效应的影响

研发（R&D）包括基础研究、应用研究和试验发展。它对于一个产业的技术进步起着非常关键的作用。利用外来技术的能力是产业自身相关性技术知识水平的函数，基础技术知识水平是产业整体技术吸收能力的重要标志。

从目前技术发展的总体趋势来看，基础科学知识已经成为对主要技术领先起关键作用的因素，换句话说，产业部门的发展越来越依赖基础科学；科学知识的基础对于重大创新起着越来越大的基础作用。目前，许多科技突破都源于科学理论的交叉互用，各科学理论之间，理论科学和各种先进技术之间的协调配合变得越来越重要，例如，在计算机领域，就需要工程与电子等学科的配合，技术的这种系统性特征不断向许多领域延伸。

目前，研发经费的不足已成为产业部门技术消化吸收和模仿创新的首要障碍。无论国家、产业和企业，中国在研发经费的投入上都处于世界落后水平，与发达国家相比更是相距甚远。

根据 1998 年《中国科技统计年鉴》的有关数据：首先，在国家层面上，发达国家研发经费占 GDP 的比重约在 2% ~3% 之间，发展中国家约在 1% ~1.5% 之间，而中国研发经费投入则徘徊在 0.6% 左右，是世界最低的国家之一。其次，在产业层面上，中国产业研发经费投入占其销售额的比重平均为 0.29%，其中机械制造业为 0.53%，电子及通信设备制造业为 0.35%，纺织制造业为 0.12%。而美国在 1992 年产业研发投入平均为 3.7%，其中最高的是医药与生物技术，达 11.5%，最低的是食品业和服务业，为 0.7%。最后，在企业层面，中国企业研发经费占销售收入的比重平均为 0.5% 左右，有研发经费投入的企业只占企业的 45.6%。因此，提高产业研发投入是促进产业间技术溢出、提高产业技术水平的必要条件。

2.4.3 研究框架

遵循技术溢出的研究框架“理论基础—机理分析—模型构建—应用”，提出了关联产业间技术溢出的研究思路“理论基础—机理分析—系统过程分析—系统模型简化—系统模型应用”。依据这个思路，构建了关联产业间技术溢出过程的分析框架，如图 2 -1 所示。

技术溢出是一个自组织复杂系统，其内部每个主体都有一定的资源和适应性、主动性，有自己的目标、内部结构和生存能力。主体之间具有一定的信息和物质交流。

在明确关联产业间技术溢出是一个过程，分析其复杂性，明确该溢出体可以被视为系统进行研究。既然是复杂系统，那么技术溢出的自组织进行必须具备一定的条件才能自发进行，根据自组织的主流理论：一个系统如果属于耗散结构，则它必须具备开放性、远离平衡态、非线性作用和涨落四个基本条件。这只是对一般性的技术溢出而言，而关联产业间的技术溢出又具有其独特的表现形式，因此，在关联产业间技术溢出的理论基础中，关联产业的作用机理及技术溢出在其中的表现也是必不可少的一部分。

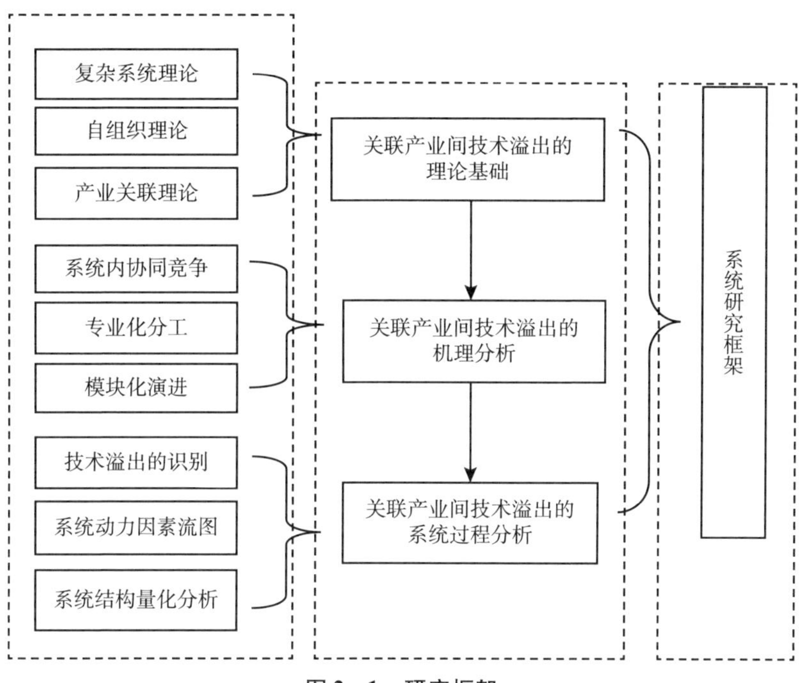

图 2-1　研究框架

明确关联产业间技术溢出的复杂性，自组织特性及关联性后，机理的探讨需要在上述理论基础上进行。系统内部的协同竞争推动系统内部不断斗争演化，不断前行。同时，通过专业化分工与技术溢出相辅相成，降低分工费用。然后，当系统进化到一定程度后，随着微观主体的行为对系统的影响作用已经日渐式微，关联产业间以模块化的形态进行技术溢出。

通过非变权有效识别关联产业间技术溢出后利用系统动力学模型模拟产业间技术溢出过程，在阐述模型优点、适用性的基础上，分析各因素流，建立系统动力学分析问题的框架。

本书研究框架不仅圈定在通用研究框架的范围内，还具有特定问题的具体表达方式，尤其是在特征分析、表现形式及有效识别的处理上，在融入研究框架的同时为框架主体工具提供有力辅助。

2.5 本章小结

明确本书研究的关联产业、技术溢出等概念内涵后，本章着眼于从理论基础、特征分析及分析框架三个方面奠定全书的理论基础。

首先，提出关联产业间技术溢出的三个理论基础：技术溢出的复杂系统理论、技术溢出的自组织理论及技术溢出的产业关联理论。其次，分析产业内与产业间技术溢出的特征、阐明关联产业间技术溢出特点，以及产业内及产业技术溢出的不同表现形式。最后，从理论视角，阐述产业关联及技术的融合等确定关联产业间技术溢出的分析框架。

| 第3章 |

关联产业间技术溢出的演进机理

3.1 关联产业间技术溢出的动力机制分析

3.1.1 协同竞争是技术溢出系统的推动力

根据自组织理论观点，系统发展进行的推动力是竞争与协同的相互依赖、相互转化。竞争是相互联系的个体之间的一种基本关系。它反映着相互联系、相互作用的事物、系统或要素具有个体性并力图保持个体性。为了保持个体性，个体之间就要相互排斥、互相竞争。

协同反映的是事物之间、系统或要素之间保持合作性、集体性的状态和趋势，这与竞争所反映的个体性的状态和趋势正好相反。协同和竞争是相互依赖的，没有协同就没有竞争；同样，没有竞争，就没有协同。

技术溢出系统如果只有单纯的协同而不是竞

争基础之上的协同，整个系统“铁板一块”，技术溢出系统就没有了活力。相反情形，如果技术溢出系统之中只有竞争，技术溢出系统也就不复存在。换言之，协同、整合的技术溢出系统必须是以竞争为基础的协同和整合，是存在着竞争因素的合作。没有竞争，就没有合作。

耗散结构理论、协同学和超循环理论等系统自组织理论，都指出竞争基础之上的合作和协同对于系统进行发展的重要意义。耗散结构理论认为，发生自组织行为的关键环节，就是自催化和交叉催化的非线性相互作用的环链。

开放涉及技术溢出系统与环境之间的竞争与协同，远离平衡也涉及技术溢出系统与环境之间以及系统的要素之间的竞争与协同，技术溢出系统中子系统之间的非线性相互作用也就表现为技术溢出系统之中的竞争与协同。耗散结构理论实际上是把竞争和协同作为系统自组织进行的动力和源泉。超循环理论认为要克服大分子自组织进行过程中的所谓“信息危机”阶段，只有通过竞争达到统一，在竞争的大分子系统中具有协同作用才有可能。而且，在某种分布中，只要发展起来各个组成部分之间的相互作用，无论这些相互作用是多么脆弱，也会不可避免地出现催化耦合和互补指令，把二者结合起来，形成协同整合的非线性非平衡的超循环组织，只有这样的组织才能向更高阶段发展。

3.1.2 协同竞争是技术溢出系统的内在动力

技术溢出的产业长时期反复接触这种合作机理的产生同样基于合作中获得的远期利益，对未来的展望会使两个潜在的竞争对手压制短期机会主义行为。在博弈论中，这种效应被称为“未来阴影”。产业间技术溢出效应的协同竞争效应具体表现在以下几个方面。

3.1.2.1 溢出产业间的协同实质上形成了知识战略联盟关系

产业间的技术溢出、地理上的集中、人员之间的亲缘和地缘关系、人员之间的高流动性以及知识的外溢效应和外部性特征，使得溢出产业间获得知识更加容易。产业溢出为了协同创新，通常自觉组成知识战略联盟，实现共享知识，形成知识的“乘数效应”，从而大大加快技术溢出过程中知识的孵化和创新。同时，由于溢出过程中知识溢出效应的外部性，使得整个系统的知识总量不断增加，更具知识的比较优势，最终成为具有比较优势的关联产业链。

3.1.2.2 相关产业与支持产业在生产过程中的协作

这种协作在技术溢出关联产业内的最常见形式是在产业之间的转包，即一个产业承担着另一个产业的整体或者零部件的生产或销售。同时，由于近距离的市场交易，降低了产品价格或者违约的风险，也有利于供应商提供辅助性服务。而且，产业地理和功能上的相互接近和产业管理者彼此的了解，可以节约部分交易费用。

3.1.2.3 竞争压力机理

由于技术溢出的大多数产业从事的是同一类或近似的产品或服务的生产与销售，彼此之间就不可避免地会发生激烈的竞争。竞争不仅表现为对市场的争夺，还表现为为争夺顾客而对产品质量的改进和对售后服务的完善上。竞争对手的确带来威胁，然而，许多行业中好的竞争对手能够增强而不是削弱产业的竞争地位。

3.1.2.4 竞争对手在新产品或者新兴产业中协助开发市场

同类企业之间具有一种“追赶效应”和“拉拔效应”。技术溢出内产业之间的这种竞争，是竞争在更高层次上的展开，竞争结果不是“零和博弈”而是“正和博弈”，参与竞争的产业通过竞争反而获得更多的利润。因此，与非溢出的产业相比，技术溢出内的产业更容易通过竞争进入行业的前沿，从而获得竞争优势。所以同一类产业溢出在一起是技术溢出逐渐发展壮大的内在动力。

综上所述，竞争和合作构成技术溢出自组织系统进行的根本动力，竞争起到的是自催化和激励的作用，而合作起到的是交叉催化的作用。竞争与合作是相辅相成的，竞争是合作的前提和基础，而合作加剧了竞争，并促进在竞争中取得优势。整个技术溢出系统的进行发展过程是各产业子系统相互竞争和相互协同，产生支配子系统的序参量，而序参量又主导着技术溢出进行的趋势。

3.2 专业化分工与产业间技术溢出的协作分析

技术溢出是专业化分工的产物，是人们为降低专业化分工产生的交易费用和获取由分工产生的报酬递增的一种空间表现形式。产业分工的深化和专业化协作的发展是技术溢出实现外部规模经济的内在源泉，而外部规模经济内涵的扩大又跟专业化分工的深化密不可分。因此，专业化分工的发展深化有力地推动了技术溢出的产生和发展。具体体现在以下几个方面。

3.2.1 技术溢出降低专业化分工交易费用

劳动分工与交易效率结合在一起，分工和交易是生产方式的一个问题的两个方面，市场上自利行为交互作用形成的最重要的两难冲突是分工经济与交易费用的两难冲突。分工的深化产生专业化经济，也带来了交易费用，专业化经济和交易费用会陷入两难冲突。而技术溢出的地理聚集性及其集中型的交易模式很好地解决了分工与交易成本间的矛盾。地理上的集中性是技术溢出的重要特征，这一特征决定了技术溢出可以大大降低分工导致的交易费用，具体表现在以下两个方面：

（1）利用溢出效应降低交易成本。由于企业间的交易成本也包括区位成本，所以同类产业在空间上越分散，交易频率越多，交易成本也就越高，但对于技术溢出来说，其内部成员包括上游的原材料、机械设备、零部件和生产服务等投入的供应商，下游的销售商及其网络、客户；侧面延伸到互补产品的制造商、技能与技术培训和行业中介等关联企业，以及基础设施供应商等，关联产业间由于技术溢出的需要而形成的空间接近使得许多中间投入品可以从其他企业就近获取，节省运输成本、库存成本，还能享受供应商的辅助服务，可以降低每一次交易的成本，继而在连续的交易过程中大大减少总的交易成本。另外，空间和功能上的接近使关联产业间接触的频率和机会大大增加，使得技术溢出系统内可以获取的技术信息远比一个相对独立于技术溢出系统组织的产业更为充分和完善，技术溢出关联产业体获取各种生产经营信息、沟通成本因而大大降低。

（2）利用特有的社会文化网络降低交易成本。在技术溢出过程中，由于技术溢出会形成地方特有的社会文化网络，企业与企业之间、产业与产业之间的合作往往基于共同的社会文化背景和共同的价值观念，增加了产业之间的信任度；关联产业处在同一制度下，减少了制度之间的摩擦，从而使信息的传输途经更加畅通，减少了关联产业之间合作交易过程中的沟通成本和监督成本；地方社会文化网络的形成，同类型产业、上下游产业和其他关联产业体等的集中使得技术溢出体的大量专业信息、个人关系和社会关系促进信息流动，有利于寻找合作伙伴，降低搜寻市场信息的时间和信息成本，同时有助于促进交易双方很快地达成并履行合约，提高交易的效率。

因此，为了减少运输成本、共享公共设施、利用溢出的网络效应等来降低交易成本，自利决策行为有本能地聚集在一起的偏好，以降低分工带来的交易费用；随着分工的进一步发展，交易效率继续提高，交易行为的种类和频率大大增加，各个分工单位之间的依赖性加强，从而产生更强的节约交易费用的欲望，由此进一步促使关联产业间技术溢出的加强；当专业化程度（指生产者用于生产某种产品的时间份额）发展到足够高时，不同的制造业产品生产者、其他厂商与机构之间出现高水平分工时，则所有技术溢出集中进行要比进行多个双边溢出更有效率，此时就出现了技术溢出，伴随分工的不断深化则会推动溢出的发展。

3.2.2 技术溢出是分工发展的高级阶段

技术溢出是分工发展的高级阶段。刚开始，某地出现专门生产某一类产品的分工。这时产品生产或是由单一的或者几个大型企业完成，或是由大量中小企业集中进行，二者都导致该类产品生产规模扩大，形成生产集中，从而带动同类型企业间的技术溢出，同时，这种产品专业化的结果使市场规模扩大，为进一步分工提供了可能。

于是一些中间生产环节外包，出现了由本地大企业衍生、外地企业移入或本地新增投资而形成的大量中间产品生产企业。因此，产品生产专业化又带来上游供应生产的专业化，即中间产品专业化，包括零部件生产专业化、原材料生产专业化甚至生产工艺专业化。生产专业化分工的深化使中间产品生产企业之间以及中间产品与最终产品生产企业之间的交易范围、环节和数量逐渐增大，这些范围更广、规模更大的市场带动了同一链条上产业间的技术交流，这又进一步增强了分工的自我繁殖和自我增强能力，促使分工发挥出双向带动作用：一方面，同行企业的技术会产生加强彼此联系和对外联系的巨大需求，产生拉动作用，带动服务行业分工程度的提高。另一方面，技术溢出使同行竞争加剧，为实现产品差异化和争夺市场，原来行业的内部分工进一步加深、细化，产品线深度提高，各企业分别生产各具特色的品种、规格、档次甚至是用料的专业化。因此，技术溢出是高度专业化的结果，技术溢出的形成过程就是行业之间和行业内部持续的专业化分工过程。在一地，分工使产业的社会生产高度专业化，分工产生的相互协作和彼此关联又使生产高度一体化。

技术溢出也是信息的溢出，同时，溢出本身就具有网络化的特性，这既有利于信息的收集，也有利于信息的传播，于是明显降低了信息不对称所导致的交易成本。

技术溢出产业长期合作，内部信誉体系比较完善，可以有效防止机会主义以及道德风险等，因此签订、执行契约等所需要的资源即这一类的交易费用也大大减少。技术溢出关联产业体之间的关系不是一种纯粹的市场关系，彼此之间因为长期正式合作以及非正式交流而形成信任，部分抵消了纯粹市场关系中的机会主义和未来不确定性，减少了市场风险。

技术溢出通过专业化的分工、协作，在产业群内形成开放式的横向或纵向一体化的产业网或产业链，以作为对大型企业的封闭式的纵向一体化组织形式的替代。因而技术溢出既降低了市场中的交易费用，又克服了纵向一体化大企业代理成本和组织成本过高的问题。

3.2.3 技术溢出促进专业化分工发展

分工深化会促进技术溢出过程的发展，技术溢出的发展反过来又会提高交易效率，降低交易费用，从而促进分工的进行。

技术溢出具有专业化的特征，通过纵向专业化分工和横向经济协作实现弹性专精的生产和经营活动。随着知识更新速度的不断加快，单个产业越来越难以完全依赖自身积累的知识，应用到产品或者生产工艺中去，它们对产业以外，尤其是关联产业知识资源的依赖性越来越大。而为了适应日益加剧的市场竞争，技术溢出产业内溢出必须加强核心竞争力，保持竞争优势。这就要求它们立足于主业，加速研发核心技术，分离出劣势生产技术环节转包给辅助企业，通过深化专业分工并在分工的基础上建立密切的合作关系。这一方面提高了企业的生产效率和市场竞争力；另一方面也促进了技术溢出内部的分工协作发展。从某种程度上说，技术溢出成长过程，也就是劳动分工不断深化的过程。溢出之所以能促进分工的进行，是由于溢出有如下三大特征。

3.2.3.1 降低交易成本

在技术溢出模式下，可以利用功能上的技术溢出、服务支持体系、特有的社会文化网络等降低交易费用，同时提高企业交易的效率，使整个技术溢出过程的总成本降低，提升其竞争力。在利益驱动下，很多企业愿意聚集发展，各类生产要素会尽可能汇聚到技术溢出网络中。技术溢出以其产业规模、降低成本、协作创新的功能，通过纵向专业化分工和横向经济协作，满足了资源的共享、知识的快速扩散和价值链上的相互需求，减少了搜寻成本，大量交易的就地成交，提高了交易效率，降低了交易费用，这些都将进一步促进溢出内分工的发展。

3.2.3.2 拥有利于企业形成和发展的环境

在技术溢出网络里，分工产生的递增收益会带来企业收入和政府财政收入的增加。前者能改善企业的小环境，增加研发投入；后者能通过改善公共基础设施建设，来提高溢出整体的交易效率。这样，溢出通过提供一系列有利于产业发展的资源网络、管理支持、创业服务环境等，使人们有更多从事专业化工作的机会，能在短时间内积累到非专业化状态下要花数倍时间才能积累的经验，创造出显著的熟能生巧的动态效果，从而促进分工持续发展。

3.2.3.3 由于技术和人力资源的外溢形成产业间分工

技术溢出网络内部一些产业的技术外溢，会导致新产业的衍生或者其他产业的模仿。这些产业与原有产业有的具有竞争关系，通过产品的差异化与原有企业形成横向分工关系；有的和原有产业具有产业链上下游关系，在溢出内部形成纵向分工。另外，一些经营技术骨干人员为了追求个人利益的最大化，从原有企业辞职，他们利用掌握的各种重要技术管理知识和市场信息，或者创办新的企业，或者加盟到其他企业，也产生相似的分工效果。例如，我国浙江省的一些中小企业溢出在其发展初期，原有企业内部的一些成员在巨大商机的诱惑下，纷纷创建自己的企业。同时技术知识沿血缘、亲缘、地缘等各种人际关系网络向外扩散，形成溢出内部分工网络。

3.3 关联产业间技术溢出模块化演进分析

20 世纪 90 年代以来，随着电子、通信、计算机等信息技术的不断创新和发展，模块化的理念和方法逐渐渗入现有的企业理论、产业经济以及企业战略等各个研究实践领域，进而成为推动产业结构调整和升级的革命性力量。

模块化战略正从本质上改变着现存产业和产业结构，重塑着社会经济的微观基础和基本结构，以至于当今产业已经进入模块化设计、模块化生产、模块化消费的模块化大发展时期。鉴于此，模块化理论对技术溢出系统过程的探讨具有重要意义。

3.3.1 技术溢出模块化的内涵

从模块的功能这一角度出发，模块是指半自律的子系统，通过和其他同样的子系统按照一定的规则相互联系而构成的更加复杂的系统或过程。模块是可以组成系统的、具有某种确定功能和接口结构的、典型的独立单元。系统是由模块组成的，系统设计师不必要、也不可能详细了解每个模块的内部结构，而只需知道模块的功能和输入、输出端的接口要求，即可用来构成系统。因此，系统是由两个以上相互区别和相互作用的单元（模块）有机地结合起来完成某一功能（目标）的综合体。技术溢出模块化包括同一产业内部的模块化和关联产业间的不同产业模块化两个内涵。

3.3.1.1 同一产业内部的模块化

同一产业内部模块化是指当将某产业的技术溢出过程视为一个系统时，

人力、资本和研发三个影响因素可以视作具有确定功能和接口结构的模块接入到该系统中，三个影响因素的作用机制不再以子因素的作用模式影响整体，而是以模块化的功能作用于系统，同涨同落，通过分解和整合，按照某种联系规则将可进行独立设计的三个子系统（模块）统一起来，构成更加复杂的系统的行为过程。

无论是三个自模块还是三个子系统，其存在的前提必须是某类影响因素具有系统性；这一前提要求也是本质性的，因为模块是技术溢出系统构成的基石，三个子模块化的对象是具有系统性的同类影响因素。三个子模块是技术溢出系统的模块，三类影响因素的模块化是对技术溢出系统的同类或相似影响因素模块化。

3.3.1.2 关联产业间的不同产业模块化

关联产业间的不同产业模块化是指当将关联产业的技术溢出过程视为整体系统时，不同却有着技术溢出联系的产业同样可以视为具有确定功能和接口结构的模块接入该系统中，以模块化的功能作用于系统。

无论是三个同产业子模块，还是三个不同产业子模块，其存在的前提必须是某类影响因素具有系统性；这一前提要求也是本质性的，因为模块是技术溢出系统构成的基石，三个子模块化的对象是具有系统性的同类影响因素。三个子模块是技术溢出系统的模块，三类影响因素的模块化是对技术溢出系统的同类或相似影响因素模块化。

3.3.2 关联产业间模块化形态技术溢出

在技术溢出的模块化模式中，存在两种核心关系：系统设计商与模块供应商之间的关系；相同模块供应商之间的关系。下面我们从博弈论视角分析系统设计商与模块供应商之间以及模块供应商之间的策略互动。

3.3.2.1 系统设计商与模块供应商之间的策略互动

按照上文的分析，系统设计商在选择模块供应商时，一方面会担心模块供应商提供的产品的真实情况，确保模块厂商不会在质量、成本的信息上隐瞒；另一方面会考虑地位受到威胁的程度。系统设计商可能出于上述考虑，采取垄断技术、降低产品功能分解水平等方式控制模块供应商的权利（如将核心模块留于内部，而将专用模块交由市场供应商来做）；而模块供应商可能为了自身利益，或者采取欺骗的手段供应模块或者企图瓦解系统设计商的垄断地位。由于系统设计商与模块供应商双方对对方的信息不能全面掌握，为了规避风险，他们就有可能采取短期行为，导致二者之间可能会在短期出现囚徒困境。假设收益矩阵为表3-1所示，则该收益矩阵有唯一的纳什均衡——“欺骗-垄断”，而且该均衡是模块供应商与系统设计商的上策均衡。

表3-1　　短期内双方博弈的囚徒困境

主体模块		系统设计商	
		垄断	合作
供应商	欺骗	(1, 5)	(10, 0)
	诚信	(0, 10)	(8, 8)

显然，当系统设计商选择垄断，模块设计商选择合作态度时，利润将都被系统设计商获得，这显然是模块供应商所不能容忍的。因此，只有当系统设计商选择合作时，模块供应商才可能选择诚信态度。而且，“诚信-合作”的收益组合（8，8）较“欺骗-垄断”的收益组合（1，5）要高。然而，“欺骗-垄断”纳什均衡仅是一次博弈的结果，而系统设计商与模块供应商之间的关系却更多地表现出长期性，因此，应从重复博弈的角度进一步分析二者之间的“诚信-合作”策略实现的可能性。

根据重复博弈理论，如果“欺骗-垄断”策略组合的结果在帕累托意义下是效率最优的，则无论是有限次重复还是无限次重复博弈，均不能改善该博弈的均衡及其收益。显然，在表3-1中，“诚信-合作”策略的收益组合优于“欺骗-垄断”策略的收益组合，“欺骗-垄断”策略组合不具有帕累托意义。因此，存在促成系统设计商与模块供应商采取“诚信-合作”的策略组合。

构造无限次重复博弈双方共同的触发策略：第一阶段采用“诚信-合作”，在第 t 阶段，如果在 $t-1$ 阶段的结果都是“诚信-合作”，则继续采用

“诚信－合作”，否则采用“欺骗－垄断”。也就是说，双方在无限次重复博弈中都是先试图诚信合作，第一次无条件选择诚信或合作，若对方也选择诚信或合作态度，则坚持诚信或合作，一旦发现对方欺骗或垄断，则用以后永远的垄断或欺骗予以报复。

若两阶段获益间的贴现率为 $\delta(0\leqslant\delta\leqslant1)$，首先，对于系统设计商而言，在模块供应商第一阶段选择“诚信”策略的条件下，其选择“垄断”策略的总收益为：

$$10+5\times\delta+5\times\delta^2+\cdots=\frac{10+5\delta}{1-\delta} \tag{3-1}$$

系统设计商选择“合作”策略的总收益为：

$$8+8\times\delta+8\times\delta^2+\cdots=\frac{8+8\delta}{1-\delta} \tag{3-2}$$

因此，要确保系统设计商在重复博弈中始终选择“合作”策略，必须使“合作”总收益不小于“垄断”总收益，即：

$$\frac{8+8\delta}{1-\delta}\geqslant\frac{10+5\delta}{1-\delta} \tag{3-3}$$

对模块供应商而言，在系统设计商第一阶段“合作”策略的条件下，其选择“欺骗”策略的总收益为：

$$10+1\times\delta+1\times\delta^2+\cdots=\frac{10+\delta}{1-\delta} \tag{3-4}$$

选择诚信策略的总收益为：

$$8+8\times\delta+8\times\delta^2+\cdots=\frac{8+8\delta}{1-\delta} \tag{3-5}$$

同理，要确保模块供应商在重复博弈中始终选择“诚信”策略，也必须使其“诚信”总收益不小于“欺骗”，即：

$$\frac{8+8\delta}{1-\delta}\geqslant\frac{10+\delta}{1-\delta} \tag{3-6}$$

由式（3－6）得：

$$\delta\geqslant\frac{2}{9} \tag{3-7}$$

由不等式（3－3）、式（3－7）及 $0\leqslant\delta\leqslant1$ 可知，

$$\frac{2}{5}\leqslant\delta\leqslant1 \tag{3-8}$$

由上述分析可知，只要两阶段获益间的贴现率满足不等式（3－8），即δ足够大，博弈双方将注重未来长远利益，从而不会采取只顾眼前利益的机会主义行为。上述触发策略就是系统设计商与模块供应商之间“诚信－合作”策略重复博弈的均衡策略，也就是说，在该触发策略下，“诚信－合作”策略为系统设计商与模块供应商双方最优选择。

3.3.2.2　相同模块供应商之间的策略行为

同种模块供应商之间的策略行为由“面对面”竞争转向“背对背”竞争，各个模块供应商需要在遵守共同的可视界面标准的前提下，相互独立地完成各自功能的研发，由看不见的设计规则进行每个具体模块的设计，与界面无关的信息保留在模块供应商内部，即相对于外界而言，具有隐性知识特点。而且共同模块之间，具有很强的自我创新驱动力，白热化的锦标赛机理会促使模块供应商不断创新并产生新的技术。这种动力源于胜者全得的激励制度安排，因此，这种“背对背”竞争在很大程度上回避了“面对面”竞争的机会主义、“搭便车”行为倾向，具有激励相容制度安排。在这种激励相容的激励机理安排下，模块供应商会自觉采取行动，主动使系统价值和自身价值一致，反之，模块供应商将失去参与竞争的资格。对于模块技术溢出来说，由于系统内创新资源不足或时空分布不均，从而使各模块的竞争行为大于合作，这种竞争是最大化自身的创新行为，严格来说并不是一种理性的博弈，而是生物学意义上的进化博弈。下面应用鹰鸽博弈来分析模块供应商之间的策略互动。

假定在一模块技术溢出中，企业为一有价值的模块研发展开博弈，其在获取创新资源的竞争中只面对两种策略选择：博弈方 1 采取鹰的对策（H）和博弈方 2 采取鸽的对策（D），分别对应于企业研发行为的竞争策略和合作策略。H 在面对对手时采取竞争策略，宁愿冒严重受损的风险，也要争夺到底；D 在面对对手时采取合作策略，愿意和对手共享资源，但若对手开始争夺时就马上撤退而不受损。假定研发成功的企业获得模块价值为V，在竞争中受损失的代价是C。由于在实际的技术溢出内模块供应商严重受损的代价通常要高于其获胜后的收益，为研究方便，设$V<C$，且鹰鸽博弈的收益矩阵如表 3－2 所示。

表 3-2　　鹰鸽博弈收益矩阵

对策		博弈方 1	
		H	D
博弈方 2	H	E_{HH}	E_{HD}
	D	E_{DH}	E_{DD}

在这种鹰鸽博弈中，若模块供应商双方采取鹰鹰对局，则每个模块供应商在竞争中的胜败机会均等，胜者获得全部模块价值 V，而失败者将付出 C 的代价，故双方的平均收益为：

$$E_{HH}=\frac{V-C}{2} \tag{3-9}$$

模块供应商采取鹰鸽对局，鹰对策者将获得 V 单位的模块价值，故鹰对策者的平均收益为 $E_{HD}=V$。而鸽对策者将退出争夺，但不会受损，故鸽对策者的平均收益为 $E_{DH}=0$。若双方采取鸽鸽对局，则每个模块供应商均采取资源共享方式，获得 $\frac{V}{2}$ 单位的模块价值，故鸽对策者的平均收益为 $E_{DD}=\frac{V}{2}$。

可见，模块供应商采取不同的竞争策略，其收益是不同的。那么，在上述模块供应商之间的鹰鸽博弈中，是否存在进化稳定策略（ESS），根据梅纳德·史密斯（Maynard Smith）的定义，进化稳定策略（ESS）是：若群体中所有成员都采取这种策略，而这种策略的好处为其他策略所不及，那么在自然选择的影响下，将没有突变策略能侵犯这个群体[92-93]。其数学描述为：当某一种群中的某个个体，从其策略空间 S 中选择一种策略 S_1，当其对手采用另外一种策略 S_2，其收益记为 $E(S_1, S_2)$，称策略 S_1 是一个 ESS，若对所有的备选策略 S_2，满足以下两个条件之一：

- 若 $E(S_1, S_1)>E(S_2, S_1)$，则 S_1 一定是一个关于自己的最好策略。
- 若 $E(S_1, S_1)>E(S_2, S_1)$ 且 $E(S_1, S_2)>E(S_2, S_2)$，即若 S_2 是关于 S_1 的一个等价备选策略，且 S_1 是关于 S_1 的一个最好策略，则 S_1 一定是一个比 S_2 关于它自己的更好策略。

运用梅纳德·史密斯的定义，下面我们分析上述模块供应商之间鹰鸽博弈的进化稳定均衡：

在上述鹰鸽博弈模型中，$S_1=H$，$S_2=D$，根据表 3-2 的分析结果，收益矩阵为：

$$A=\begin{pmatrix}\frac{(V-C)}{2} & V\\ 0 & \frac{V}{2}\end{pmatrix} \tag{3-10}$$

（1）当 $V<C$ 时，鹰鸽博弈不存在纯策略 ESS，因为，由收益矩阵 A，有 $E(S_1,S_1)=\frac{V-C}{2}$，$E(S_2,S_1)=0$，由于 $V<C$，故 $E(S_1,S_1)<E(S_2,S_1)$，根据梅纳德·史密斯的定义，S_1 不是一个有效的 ESS。同理，$E(S_2,S_2)=\frac{V}{2}$，$E(S_1,S_2)=V$，$E(S_2,S_2)<E(S_1,S_2)$，S_2 不是一个 ESS。因此，当 $V<C$ 时，这个博弈不存在纯策略进化稳定均衡。

（2）当 $V<C$ 时，鹰鸽博弈存在混合策略 ESS。设某一混合策略 $u(S_1,S_2)$ 中，采取 S_1 策略的个体比例为 p，采取 S_2 策略的个体比例为 $1-p$，则鹰对策者的期望收益为：

$$E_H=\sum_{i=1}p_iE(S_1,S_i)=p\left(\frac{V-C}{2}\right)+(1-p)V \tag{3-11}$$

鸽对策者的期望收益为：

$$E_D=\sum_{i=1}^{2}p_iE(S_2,S_i)=p\times 0+\frac{(1-p)\times V}{2} \tag{3-12}$$

令式（3-11）等于式（3-12），解得 $p=\frac{V}{C}$

因此，当 $V<C$ 时，鹰鸽博弈中存在混合策略 $u(S_1,S_2)$，并以概率 $p=\frac{V}{C}$ 实现混合策略进化稳定均衡。

由上述分析可知，在模块化技术溢出内，模块供应商之间进行博弈行为不存在纯策略进化稳定均衡。而存在一个以一定概率为条件的混合策略进化稳定均衡。这表明在模块技术溢出内，模块供应商之间的创新性行为既不是简单的合作关系，也不是简单的竞争关系。或者说，由单纯的合作或单纯的竞争的模块供应商所组成的“纯鸽”或“纯鹰”的模块技术溢出是不稳定的。这也使模块技术溢出系统在创新演化过程中更具有弹性。而模块化技术溢出内的锦标赛式激励相容机理内生性地促进了模块化技术溢出演化的这一特征。

3.3.3 技术溢出的高级形态是模块化

经济系统的进行是遵循着“自给自足—分工经济—规模经济—模块经济”的基本路径。那么，据此可以得出的经济系统进行的结构性表现。

较早从产业组织的角度提出模块化概念的是美国经济学家朗格卢瓦（Langlois）和澳大利亚经济学家罗伯逊（Robertson），而对计算机产业和汽车制造产业的模块化生产方式的研究是由于哈佛商学院教授鲍德温（Baldwin）和哈佛商学院院长克拉克（Clark）《模块化时代的管理》一文在世界范围内引起了对“模块化”的讨论。其后，青木昌彦通过对硅谷技术溢出和日本 IC 产业的研究，更是明确地指出：新产业结构的本质就是模块化。

关联产业间技术溢出的这种模块化趋势是技术溢出模块化现实的真实写照，也是必然选择，因为如果关联产业间模块化不选择技术溢出效应，将很难享受到由模块化所产生的诸多好处或优势，而且溢出的规模越大，这种优势就越明显，所以，可以得出这样一个结论：关联产业间模块化和技术溢出的发展之间是相互促进的。而技术溢出作为一种信息交流方式，其本身就具有模块化性质。

模块的最重要特征是独立性。模块的独立性标志是，模块内部结合强度大，而模块间的结合数少（结合强度弱），接口简单，易于组合成系统（这些在计算技术的软件模块中称之为内聚度强和耦合度弱）。

模块化事物的基本特征是，系统呈（多级）层次性结构，系统是由模块通过接口组合而成的。由此，衡量一个系统能否算作是模块化系统的主要依据，就是看系统是否具有清晰而简明的层次结构，其中的模块是否具有很强的独立性。若把系统的这种特性称之为“模块性”，则只要具备这些条件，即使没有定量参数，甚至没有通用性，也可以称之为模块化系统。

根据这种判断标准，“解构”技术溢出的模块性其实再简单不过，而且有很多方法。一个最简单的角度是从组织结构方面进行，即技术溢出的最高一级是溢出产业构成的、具有一定产业间特性集中的“溢出系统”，其中的企业或企业集团及其支撑机构则为其子系统，这些子系统也即是构成技术溢出的模块，至于企业，其本身就是一个由模块构成的系统。

这样，从对技术溢出的界定看，关联产业间技术溢出是与某一类产品相关联的众多企业、产业及其支撑体系在一定功能上的大量信息交流，并且彼此间形成了竞争与合作并存的专业化协作配套关系，因此技术溢出的模块化组织形式常被称之为网络型组织。其实，根据上述“模块性”的判断准则，可以很容易地下结论：技术溢出是一个具有模块性的经济系统。

不管依据什么方法或从什么角度来解构技术溢出的模块化性质，一句话，模块化是关联产业间技术溢出的本质。那么对于技术溢出而言，自然而然，则应是模块化的溢出，或者说现代技术溢出的本质就是模块化溢出。

3.4 本章小结

本章在第2章提出的关联产业间技术溢出研究框架的基础上，侧重于从动力、基础及高级形态三个方面对关联产业间技术溢出进行机理分析。

协同竞争既是关联产业间技术溢出的内在动力，又是该系统的推动力，协同竞争促进该系统不断演化前进；专业化分工是关联产业间技术溢出，技术溢出是分工发展的高级阶段，技术溢出降低专业分工的交易费用促进专业化分工发展；关联产业间技术溢出的高级形态是模块化形态的技术溢出。

通过上述三个层次的机理分析，为第4章系统动力学模拟技术溢出的系统过程提供理论指导。

| 第4章 |

关联产业间技术溢出的过程分析

国民经济部门存在着错综复杂的联系，一个产业部门的技术进步会影响到其相关产业的发展，而其相关产业部门的技术进步又会反过来影响该产业部门的技术进步，这就是产业间技术进步的交互作用，同时也构成了产业间技术溢出的实质性内容。

关联产业间技术溢出涉及多个研究个体，个体行为的不同导致整个系统内个体行为复杂，为了能将所有的必要因素和对象纳入研究体系中，产业间技术溢出研究必须首先以系统视角切入来刻画系统过程。

在有效识别技术溢出的前提下，本章利用系统动力学模型模拟产业间技术溢出过程，在阐述模型优点、适用性的基础上，分析各因素流，建立系统动力学分析问题的框架。

4.1 技术溢出的系统动力适应性分析

4.1.1 系统动力描述系统问题的优点

系统动力学属于经济数学的一个分支，是研

究复杂系统中信息反馈行为有效的计算机仿真方法。由于经济社会系统绝大部分属于非稳定、非平衡的动态变化过程系统，在解决此类问题时不宜用解决稳定系统的方法，20 世纪 50 年代中期首创系统动力学的麻省理工（MIT）教授福里斯特（Forrest）建立了美国国家经济模型的基本假定即是社会经济系统为非平衡系统。系统动力学从系统内部的微观结构入手，以系统内部结构、参数及总体功能为基础，注重系统的动态变化与因果影响，分析并把握系统特性与行为。

（1）系统动力学与其他的模型方法相比较更适合中、长期的模拟预测，并可对研究的系统做动态的、战略性的定量分析。例如，自然界的生态平衡、人的生命周期和社会问题中的经济危机等。

（2）系统动力学能够处理高阶次的、非线性的、多重反馈的复杂系统问题，也适合研究要求精度不高的社会、经济问题。可在宏观和微观层次上对复杂系统进行综合研究，其研究对象主要是开放式的系统。

（3）系统动力学结合了人的思维能力和电子计算机的高速处理能力，在规范模型的基础上使人们能清晰地剖析系统，找出系统定性或定量的各种关系，不仅适用于系统的定性研究，更开辟了社会系统定量研究的道路。

（4）系统动力学不同于功能模拟方法，它以结构 - 功能模拟为突出特点，从系统的基本结构入手建立模型，构造系统的基本结构，进而模拟与分析系统的动态行为，适用于反馈系统的结构、功能与行为之间的动态关系。

4.1.2 系统动力模拟技术溢出的优点

技术溢出与外界时刻进行着物质、能量和信息交换，其功能不仅受外界环境的影响，而且在很大程度上取决于过去的行为和决策，具有典型的信息反馈结构。按照系统动力学的核心思想，技术溢出效应的发挥依靠溢出系统内部“流”的循环作用，形成连接关键变量决策的杠杆作用点与其他变量的反馈回路，进而呈现出相互联系、相互制约的系统结构。

与传统分析方法将研究对象分成独立的部分不同，系统动力学着重考察作为系统一个组成部分的研究对象如何与系统其他组成部分的相互作用。系统动力学的两个重要思想：一是组织行为源于组织结构，这里的组织结构既包括与生产过程有关的物理结构，更重要的是那些决定着组织决策的政策和惯例；二是分析组织时应主要依据各种潜在的“流”，即人员、资本、物质资料、设备和信息流等，摒弃了相互割裂的独立功能。这种思想有助于跨越组织内机构间的界限，通过流程路径寻找变量之间的非线性因果关系，特别是当研究对象具有动态复杂性，或者与内部和外部存在反馈时，会产生与传统方法截然不同的结论。

综上，利用系统动力学模型模拟技术溢出的进行过程有如下优点：

（1）系统动力学可以用来研究复杂多变的社会经济系统，可以将系统中复杂的组合关系表达出来，逼真地再现系统的结构、作用方式和行为，并且可以对社会系统进行定量研究；

（2）系统动力学是一种结构仿真模型，强调系统发展过程中的行为和发展趋势，非常适合中长期系统发展研究。

4.2 技术溢出的过程识别

4.2.1 单一识别指标的选择

关联产业间技术溢出的识别主要是基于溢出效应的大小加以判断的，因此技术溢出的识别指标同样也是溢出效应的测度指标。考虑到现行的单一指标的局限性，本书建立技术溢出的综合识别指标来测算溢出程度。

为了建立关联产业间技术溢出的综合识别指标，单一识别指标的选取要考虑其适宜性问题，其中要考虑三个方面的问题：第一，所选取的单一指标要适用于识别的对象，即都能独立的应用于识别对象；第二，所选取的单一指标符合综合识别指标的应用条件，既能体现较高的准确度又能保持同质性以免给权重的求解带来障碍；第三，单一识别指标的复杂程度和资料收集的难易程度也要适度。一般而言，单一指标越复杂，考虑的因素越多，组合识别精度会越高，同时计算也会越烦琐，增加成本，而且有时候单一指标的复杂程度和资料收集难易程度与综合识别指标的识别精度的提高程度不一定成正比。因此单一指标的选择是建立综合识别指标的关键因素之一。

本书选取的单一识别指标是费德（Feder）技术外溢模型指数、阿塔哈

（Atahal）技术溢出模型指数、投入产出矩阵技术溢出模型指数以及基于罗默（Romer）生产函数的对数技术溢出模型指数。这四种单一识别模型指标如表4－1所示。

表4－1　四种单一识别指标

	指标	表达式
费德 技术外溢模型指数	H_F	$dY = H_L dL + H_K dK + H_F dK_F + \frac{\delta}{1+\delta} dF$
阿塔哈 技术溢出模型指数	S^f	$S_t^f = \frac{IM_{it}}{\sum_i IM_{it}} FRD_{it}$
投入产出矩阵 技术溢出模型指数	$MD_{R\&D}$和$MC_{R\&D}$	$D_{R\&D} = (\hat{R}\&D)\hat{X}^{-1}(I-A)^{-1}\hat{Y}$ $C_{R\&D} = (\hat{R}\&D)\hat{X}^{-1}(I-A)^{-1}\hat{Y}$ $MD_{R\&D} = D_{R\&D} i^T$
罗默生产函数的对 数技术溢出模型指数	$\alpha_i \neq 0$	$\log TFP_i = A_i + \alpha_1 \log(N_i^d + \alpha_2 \sum_{v \neq i}^{I} w_{iv} N_v^d + \alpha_3 \sum_{h \neq j}^{I} M_{ih} \frac{1}{Y_{ih}} N_{ih}^{tf} + \alpha_4 \sum_{v \neq i}^{I} \gamma_{iv} N_{vh}^{tf})$

选取四种单一识别指标主要考虑以下几点：四种单一识别指标分别隶属统计方法和非统计方法，而且这四类方法是已被国内外学者证明识别效果较好的方法，并且在技术溢出效应识别中得到了广泛的应用，发展相对较成熟，因此以这四种识别方法构成综合识别指标比较适宜。

这四种单一识别指标应用中的数据输入与假设条件等比较相近，它们都能够处理输出变量为分类变量的非线性问题，且对变量均不要求必须服从正态分布。本书中将归一后的数据输入这四种识别指标的计算，得出的结果数据基本符合组合模型对输入的要求。这四种单一识别指标具有各自不同的优缺点，且具有一定的互补性，这样更能组合各自优点，提高综合识别指标的性能。

4.2.2　综合识别指标的构成

综合识别指标是利用组合预测模型将若干种单一指标赋予不同的权重，

从而形成综合的识别指标。由于各种单一指标内部各种因素之间及它们同外部因素之间存在着十分复杂的交互作用和因果关系，仅仅应用单一指标来识别技术溢出，往往很难保证结果精确而可靠。如果对同一识别问题采用各种不同的识别方法，并加以适当的组合，则可以较充分地利用各种信息。理论研究和实际应用表明，综合识别指标比单一识别具有更高的识别精度，能增强识别的可信性，具有较高的适应未来识别环境变化的能力。

近年来，这种组合方法已成为预测领域中的一个重要的研究方向，国内对这方面的研究开始增多，尤其是在电力系统、经济识别、农业、医学等方面应用较多，效果也比较明显。

综合识别指标的适应性比较强，应用的范围也比较广。其关键问题在于确立需要组合的单一指标的种类、数量及其权重求解的可行性，如果这三个问题得以解决，综合识别指标则能表现出更好的性能。

尽管基于组合预测模型建立综合识别指标从现有经验来看是成功的，但是由于其研究的历史还很短，很多技术都没有成熟，因此在其应用过程中仍然存在着一些操作上需要注意的问题，主要集中在以下几点。

4.2.2.1 权重的正负

在实际应用时，有人认为权重表示对某种方法的偏重程度或可信程度，负权重没有实际的物理含义，但也有文献对允许负权重的最优组合识别方法进行深入的研究，由于负权重仍然存在争议，近年来非负权重成为研究的重点。现有的非变正权重组合识别方法虽然具有操作简便的特点，有些方法还体现了给精度高的单一模型赋予更高重要性的思想（如简单加权平均法、改进二项式综合识别指标模型、方差倒数加权法等）。但这些模型把各项模型看作是相互独立的，未考虑各单项方法由于其部分信息的共有而产生的相关性，因而在提高识别精度上受到了限制。本书认为非负权重更有利于对模型的解释，在将两种方法组合时，考虑了模型之间的相关信息，把两个模型之间的相关性因素引入综合识别指标构建的目标函数中，更能体现出单一指标对综合识别指标的作用和影响，从而有效地提高这种组合模型的性能。

4.2.2.2 目标函数的最优解准则

最优识别的目标函数的建立是严格依赖于最优准则的，不同的准则建立的模型也不同，各有优劣，如何选择，没有遵循的依据，只能根据模型建立者以往的经验或者个人的喜好，因此存在着很大的主观因素。本书中使用的目标函数的最优准则为误差平方和最小的原则，这个原则在统计方法和非统计方法的检验中比较常见，更能精确地反映出识别值和实际值之间的差异，具有一定的代表性和说服力。

4.2.2.3 权重的可变与否

尽管可变权重被认为更具有科学性，但是目前的最优综合识别指标模型的权重的确定大多集中在非可变权重的问题上。可变权重的求解方法比较单一，很多知识理论上成立，实际的求解比较困难；另外，在求得训练样本的可变权重后，对检验样本的可变权重求解方面，很少有文献提及过，也没有比较权威的方法，因此在实际操中还存在一些障碍。本书选用的非可变权重组合模型是以综合识别指标的误差平方和最小为原则建立的线性规划函数，是目前综合识别指标模型权重求解方法中，除人工智能等方法外，最为常用的一种方法。在不同的个体样本中，对四个单一指标赋予不同的权重，从而使综合识别指标能克服在中长期中因变量之间的变化所带来的影响。

4.2.2.4 计算的复杂性

随着计算机的发展，各种计算软件也纷纷出世，诸多求解问题也迎刃而解，但是，由于综合预测模型尤其是应用方面的研究历史不长，没有一个较好的软件可以专门用来求解相应的权重，而组合模型中，如果涉及的样本量、单一模型数量或者指标等较多时，权重的求解就会比较复杂，在很多求解可变权重的文献中，也仅仅只是给出了求解的理论思想，并没有实际求解的方法。由于本书构成综合识别指标的单一指标只有四个，并且是非可变权重组合，因此通过 MATLAB 的编程，不难求得。

4.2.2.5 识别精度的求取

部分组合预测模型在求取精度时，存在的错误做法是：已知 $0\sim n$ 时刻的真实 $y(t)$ 和单项输入值 $f_i(t)$，可求出权重 k_i；但是却又将 k_i 反代入 $0\sim n$ 时刻的 $f_i(t)$ 得到组合预测值 $\sum k_i f_i(t)$ ，再计算出精度。这种做法的错误在于

求出的权重应代入 $n+1$ 时刻的单项输入值，才能得到真正意义上的组合预测值，再进一步求出组合模型的精度。

本书根据样本地区中单一识别指标与非可变权重之间的关系建立网络，对检验样本进行仿真，以求得检验样本的变权重，从而进行检验，获得识别精度，因此更具有客观性和科学性。

4.2.3 综合识别指标的非变权组合

本书中只采用四种单一指标进行组合，设 Y 为组合的综合识别指标取值，$\hat{Y}_1$，$\hat{Y}_2$，$\hat{Y}_3$，$\hat{Y}_4$ 为四种不同的单一指标模型，四个单一指标所组合的综合识别指标可以表示为：$\hat{Y}=W_1\hat{Y}_1+W_2\hat{Y}_2+W_3\hat{Y}_3+W_4\hat{Y}_4$。其中 W_1、W_2、W_3、W_4 分别为 $\hat{Y}_1$、$\hat{Y}_2$、$\hat{Y}_3$、$\hat{Y}_4$ 在组合模型中的权重，W_i 需要满足：$\sum_{i=1}^{4} W_i = 1$。

$\hat{Y}_i$ 的误差平方和可以表示为：$\sigma_i^2 = \sum_{j=1}^{n}(\hat{y}_{ij}-y_j)^2$，$j=1$，2，3，4。

$\hat{Y}$ 的误差平方和为：$\sigma^2 = \sum_{j=1}^{n}(\hat{y}_j-y_j)^2$，其中，$y_j$ 为实际值，$\hat{y}_j=w_1\hat{y}_{1j}+w_2\hat{y}_{2j}+w_3\hat{y}_{3j}+w_4\hat{y}_{4j}$。

$\hat{Y}_i$ 和 $\hat{Y}_j$ 的关联度为：$\rho = \dfrac{\sum_{k=1}^{n}(\hat{y}_{ik}-y_k)(\hat{y}_{jj}-y_k)}{\sigma_i\sigma_j}$。

综合识别指标的精确性和稳健性度量值为：

$$\sigma^2 = \sum_{i=1}^{4} W_i^2\sigma_i^2 + 2\prod_{i=1,j=1,i\neq j}^{4} W_iW_j\sigma_i\sigma_j\rho \qquad (4-1)$$

通过求解数学规划可求出最优的综合识别指标中各单一指标的权重[94,95]：

$$\begin{cases} \min\sigma^2 = \sum_{i=1}^{4} W_i^2\sigma_i^2 + 2\prod_{i=1,j=1,i\neq j}^{4} W_iW_j\sigma_i\sigma_j\rho \\ \sum_{i=1}^{4} W_i = 1 \\ \forall W_i \geqslant 0 \end{cases} \qquad (4-2)$$

得到的最优解可表示为：

$$W_i^* = \frac{\sum_{j \neq i}^{4} \sigma_j^2 - \sum_{i=1, j=1, i \neq j}^{4} \sigma_i \sigma_j \rho}{\sum_{i=1}^{4} \sigma_i^2 - 2\sum_{i=1, j=1, i \neq j}^{4} \rho \sigma_i \sigma_j} \tag{4-3}$$

最优目标函数值就是最优的综合识别指标的取值：

$$\sigma^{*2} = \frac{\prod_{i=1, j=1}^{4} \sigma_i^2 (1 - \rho^2)}{\sum_{i=1}^{4} \sigma_i^2 - 2\sum_{i=1, j=1, i \neq j}^{4} \rho \sigma_i \sigma_j} \tag{4-4}$$

$$\rho_{ij} = \frac{\sum_{k=1}^{n} (\hat{y}_{ik} - y_k)(\hat{y}_{jj} - y_k)}{\sigma_i \sigma_j} \tag{4-5}$$

设 $r = \min\left(\frac{\sigma_j}{\sigma_i}, \frac{\sigma_i}{\sigma_j}\right)$，显然 $0 < r \leqslant 1$。

当 $-1 \leqslant \rho < r$ 时，最优综合识别指标中各单一指标具有正权重，其识别有效性优于四个单一识别指标，有效性对相关性的变化率较小。相关性越小，最优综合识别指标越有效。

当 $\rho < r \leqslant 1$ 时，最优综合识别指标具有负权重，其识别有效性也优于四个单一识别指标的有效性，有效性对相关性的变化率较大，相关性越大，综合识别指标越有效，其中性能较差的单一识别指标的权重为负权重。

当 $\rho = r$ 时，性能较差的单一识别指标在最优综合识别指标中具有零权重，此时最优综合识别指标就是性能较优的那个单一识别指标。

综合识别指标即为下文中用来衡量关联产业间技术溢出效应的那个指标。

4.3 关联产业间技术溢出过程模型

4.3.1 关联产业间技术溢出的系统动力的分解

在技术溢出效应形成过程中，人员流动、资本流动和研发合作“流”起着决定性作用。

(1) 人员流动是技术溢出效应发展的前提，主要指高素质企业管理者、专业技术人员和职业技能人员等人力资源的积累、利用与相互流动；

(2) 资本流动是关联产业间溢出效应的基础，如基础设施的投资资本、金融机构贷款、风险投资资本等；

(3) 研发合作流动是关联产业间技术溢出效应发挥的关键，包括技术联盟的成立，技术扩散速度和知识资源状况。

通过这三个因素流的因果反馈作用，为技术溢出的发展提供支持。

4.3.1.1 人员流动

如图 4-1 所示，从人员流动的因果关系来看，企业对专业人员的需求巨大，大学和科研院所等研究机构则为人员培训提供了多种渠道，能够满足专业培训、教育、信息和技术支持的需要，提高了人力资源素质和企业创新能力，进而有利于提升技术溢出的竞争优势和吸引力。不过，人员的持续增加要受到专业人员需求和研发机构数量的制约，两者又取决于政府资源限制。

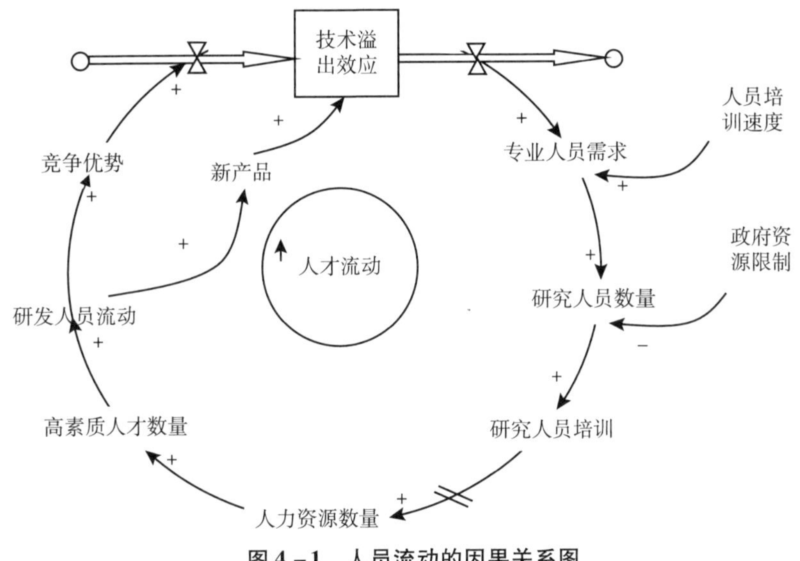

图 4-1 人员流动的因果关系图

4.3.1.2 资本流动

在技术溢出的资本流动循环过程中，健全的基础设施、完备的制度和法律所形成的投资环境将增加投资吸引力。这不仅有利于提高企业的生产能力，而且提高了企业信用等级和偿还能力，使其能够更加容易地获得银行贷款，越来越多的可利用资本为企业创新能力和竞争优势的提升提供了条件，如图 4－2 所示。但投资成本限制着投资欲望，过高的负债率带来财务风险，物质资源的短缺也制约着生产能力，影响着企业的再投资。

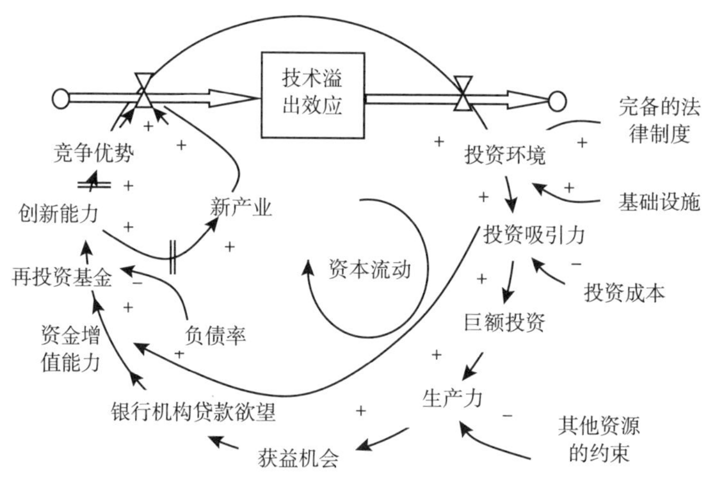

图 4－2 资本流动的因果关系图

4.3.1.3 研发流动

在技术流动方面，技术溢出和科研机构的技术创新产生丰富的知识资源，不仅能够提升企业技术水平，而且能通过降低成本增加收益进而增强企业竞争力和盈利能力，有助于增加企业合作机会从而扩大生产范围，带来溢出效应。从图 4－3 可知，企业技术进步受研究机构数量的制约，而外部环境与政府资源限制严重阻碍了研究机构数量的增加。

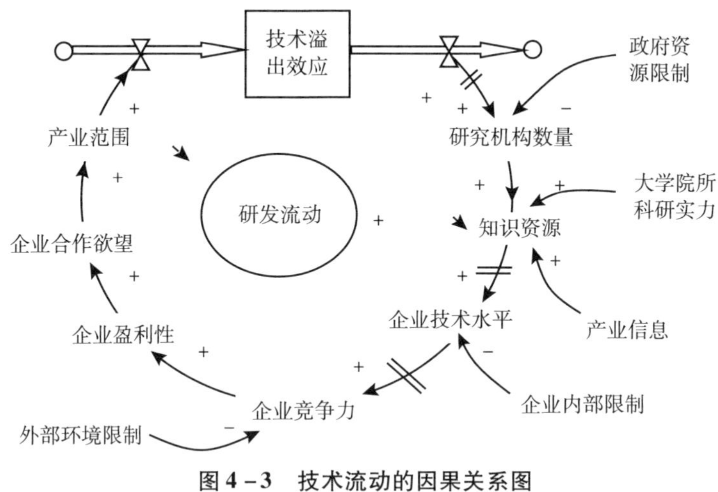

图 4－3　技术流动的因果关系图

4.3.2　关联产业间技术溢出的系统动力的描述

以因果回路图对人员、资本、研发“流”反馈机理的定性描述为基础，需进一步构建技术溢出效应的系统动力学模型。人员、资本和技术为影响技术溢出效应的最直接因素，描述了系统中要素的状态，将其设为状态变量，并把技术溢出效应的系统模型分为人员 *L*、资本 *K* 和研发 *A* 三大子模块加以考察。

由于部分变量会随时间发生改变，模块中须使用 Time 表示各模块之间的相互关系及变化情况，将 <Time> 设为隐藏变量，并由此构建产业间技术溢出的系统结构流图，如图 4－4 所示。根据系统结构流图，利用水平变量、速率变量和辅助变量的实际经济含义，系统动力因素模型可以把技术溢出效应的形成与放大过程中内部各因素之间的关系及其同外部之间的关系抽象成数学公式，为经济预测、方案比较和政策制定提供更加确切的依据。

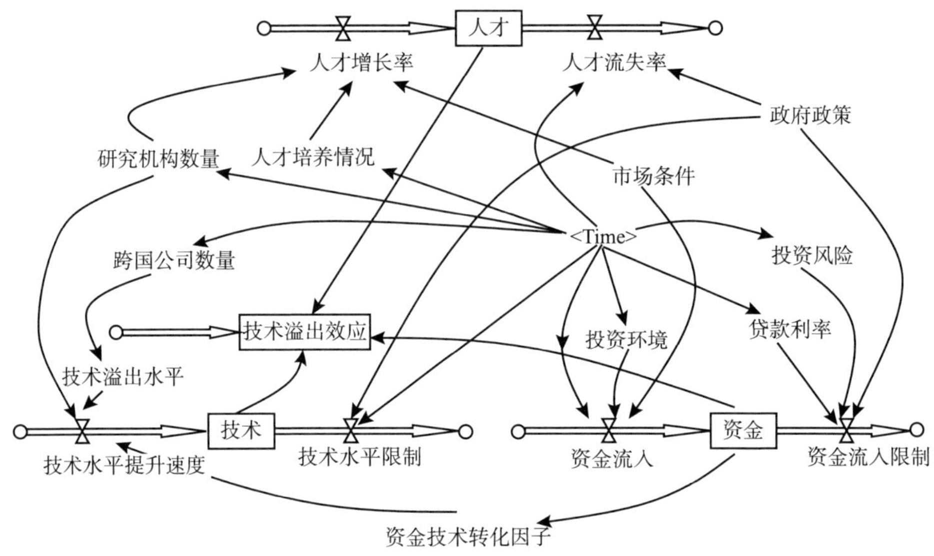

图 4-4　产业间技术溢出的系统结构流图

4.3.3　关联产业间技术溢出的系统动力的刻画

人员子模块中，选择人员增长率 *IRL* 和人员流失率 *DRL* 作为描述人力资源随时间变化的速率变量，研究机构数量 *IN*、人员培训情况 *LE*、政府政策限制 *GRP* 和市场条件 *MS* 作为辅助变量。

人员总量受几种因素交叉作用，研究机构数量 *IN* 和人员增长率 *IRL* 决定着人力资源新增数量，机构越多且培训速度越快，新增人员越多。同时，政府政策限制 *GPR*、市场状况 *MS* 和人员流失率 *DRL* 影响着人员流入流出数量，政策限制越少、市场效率越高则对人员的吸引力越强，净流入量就会随之增加，这种关系如式（4-6）所示。

$$L_t = L_{t-1}(1 + IRL - DRL)$$

$$\begin{cases} IRL = D_t(IN,\ LE,\ MS) \\ DRL = D_t(GPR,\ time) \end{cases} \tag{4-6}$$

研发子模块中，选择技术水平提升速度 *IRT* 和技术水平限制作 *DRT* 为速率变量，研究机构数量 *IN*、跨国公司数量 *MCN* 衡量，资本技术转换因子 *CFCT* 和政府政策限制 *GPR* 作为辅助变量。

企业技术水平主要由研究机构数量 *IN*、跨国公司数量 *MCN* 和资金技术转换因子 *CFCT* 所决定，同时受政府政策限制 *GPR* 的影响。企业技术水平见式（4-7）。

$$A_t = A_{t-1}(1 + IRT - DRT)$$
$$\begin{cases} IRT = D_t(IN,\ MCN,\ CFCT) \\ DRT = D_t(GPR,\ time) \end{cases} \tag{4-7}$$

资本子模块中，选择资本流入率 *IRC* 和资本流入限制 *DRC* 作为速率变量，资源禀赋 *NRC*、投资环境 *IE*、市场条件 *MS*，贷款利率 *LR*、投资风险 *IR* 和政府政策限制 *GPR* 作为辅助变量。

良好的资源禀赋和投资环境将吸引更多外部企业进入，贷款利率的提升会增加投资成本，产生反作用，市场条件和政府政策限制也会降低投资者的积极性。资本积累见式（4-8）。

$$K_t = K_{t-1}(1 + IRC - DRC)$$
$$\begin{cases} IRC = D_t(NRE,\ IE) \\ DRC = D_t(IR,\ MS,\ LR) \end{cases} \tag{4-8}$$

技术溢出效应的系统动力学模型本质上是带时滞的一节微分方程组，D_t 是模型迭代的时间间隔，一般假设为 1，针对个别问题可进行适当调整，对于速率变量与辅助变量之间的函数形式，此处给出一般意义上的迭代关系，仿真中将设定函数进行运算。从模型中，能够更加清楚地了解各个变量对人员、技术和资本积累的作用，明确其影响技术溢出效应的具体途径。

4.4 本章小结

在有效识别技术溢出的前提下，本章利用系统动力学模型模拟产业间技术溢出过程，在阐述系统动力学模型的优点及其在解释产业间技术溢出方面的适用性与有效性的基础上，提出系统动力学分析问题的系统框架。

在框架范围内定义各个主要变量，分析决定技术溢出效应发挥的各个因素“流”的因果关系回路，详细解释人员、资本、研发水平三个一级因素在产业间技术溢出中的作用机理。最后构建技术溢出效应系统流图和系统动力学模型，为后续章节的系统结构的分析量化及实际问题的应用提供数理指导。

第5章

关联产业间技术溢出的系统结构分析

依托上一章构建的关联产业间技术溢出的系统动力模型，为了使模型更具有操作性，本章通过结构方程模型（Structural equation model，SEM）将系统动力学模型进行量化，进行变量间的定量关系分析。

5.1 结构方程模型适用性与假设检验

5.1.1 结构方程的适用性分析

结构方程模型（SEM），又称工变数结构分析，是一种非常通用的、主要的线性统计建模技术和模型方法，主要利用联立方程求解，是处理社会科学研究领域应用最为广泛的一种方法[96-98]。计量经济学中广泛使用的多元回归、因子分析和通径分析等方法均可被看作是结构方程模型中的一种特例。结构方程模型可用来说明信息系统研究中的许多问题。SEM的重要功能就是能通过已观测变量和已测量变量来发现并证明一些不明晰变量

（潜在变量或隐性变量）之间的关系。

通常来说，SEM 模型的构建大致如下所示：

测量方程：

$$x = \Lambda_x \xi + \delta$$

$$y = \Lambda_y \eta + \varepsilon$$

结构方程：

$$\eta = B\eta + \Gamma\xi + \zeta$$

式中：x 为外生变量；Λ_x 为外生变量的因子载荷阵；ξ 为外生潜变量；δ 为外生变量误差项；y 为内生变量；Λ_y 为内生变量的因子载荷阵；η 为内生潜变量；ε 为内生变量误差项。B 为内生变量间的路径系数，Γ 为外生变量对内生变量的路径系数，ζ 为结构方程误差项[99,100]。

SEM 的主要特征之一就是模块化分析的应用。

利用结构方程的假设检定与结构化验证功能，结构方程模式可以将一系列的研究假设同时结构成一个有意义的假设模型（hypothetical model），然后经由统计的程序对于此模型进行检证。不同的模型之间，可进行竞争比较。

在社会与行为科学的研究中，往往相同的一组变项会因为理论观点的不同，对于变项之间的假设关系亦会有不同的主张，因此，研究者可以基于不同的理论与假设前提，发展出不同的替代模型，进行模式间的竞争比较。这一利用假设模型进行统计检证的优点，大大改善了传统路径分析在多组回归等式进行同时估计的限制，也提高了分析的应用广度。

SEM 的模块化应用策略有三个层次：

（1）单纯的验证（confirmatory），也就是针对单一的先验假设模型，评估其适切性，称为验证型研究；

（2）模型的产生（model generation），其程序是先设定一个起始模型，在与实际观察资料进行比较之后，进行必要的修正，反复进行估计的程序以得到最佳契合的模型，称为产生型研究；

（3）替代模型的竞争比较，以决定何者最能反映真实资料，称为竞争型研究[101-103]。

结构方程模式的模块化分析功能，为社会与行为科学研究界对于抽象理论进行实证的检验提供了一套严谨的程序，使得研究者可以透过统计的分析去检验所提出的理论模型。此举将假设检定的运用，自单一参数的考验提升至理论模型整体考验的更高层次，突破了传统上计量技术对于理论模型欠缺整合分析能力的困境[104,105]。

5.1.2 结构方程的假设检验

结构方程模式的首要内容是统计学当中有关推论统计中的假设考验。

SEM 当中，研究者为了验证自己所提出理论观点的适切性，提出一套理论性的建构，此时，不论是针对整体模型的适切性考验，或是个别变项间关系的参数估计，都是以假设考验的方式来检验的。

H_0 与 H_1 这两个假设构成了假设考验的两个对立条件，它们之间具有完全互斥与对立的关系。如果统计的数据证明其中一个为真，另一个假设自动为伪，如果证明其中一个为伪，另一个假设即自动为真。在假设考验的程序当中，研究者只要根据特定的信心水准（或第一类型错误概率），制定一个门槛或关键值，来决定从样本所计算得到的样本统计量 r 要多大可视为可靠，即可进行最后的统计决策，整个程序称为假设考验。

在 SEM 当中，除了个别的参数可以进行个别的假设考验，来决定该参数的统计意义，通常一个 SEM 分析包含有多重的参数需要进行假设考验，因此在进行个别参数的考验之前，应对整体的假设模型进行整体考验，以避免多次假设考验所造成的第一类型错误概率的膨胀。不过如果要使 SEM 的整体研究具有相当的严谨度，除了避免过度使用假设考验、扩大样本等统计技术与研究方法层面的问题之外，更重要的是从研究假设的推导过程来着手，例如是否基于强而有力的理论基础，或是经过严谨的推理过程，得到某一个研究的假设，如此才能有效地提升研究的检定能力，得到理想的结果。

SEM 是一般线性模型灵活有力的扩展，像其他统计方法一样，需要一系列假设，这些假设应该满足或至少近似的保证有可信赖的结果。

结构方程为高度抽象并难以测量的变量提供了进行计量的可能。结构方程的模型假设条件共有四个。

5.1.2.1 合理的样本量

如果样本质量好，服从正态分布，每个自变量大约需要 20 ~ 25 个样本；如果样本有偏，或偏离正态分布较远，样本越大越好。

当数据是非正态分布或在某些方面是有缺陷的情况下（几乎总是对个案），需要较大的样本。当数据有偏斜、有高低峰、不完整或不尽合理时，对所需要的样本量做出绝对的推荐是困难的。一般的推荐是尽可能获得较多的数据。

5.1.2.2 连续正态的内生变量

SEM 程序假设因变量和中间变量（所谓的内生变量是 SEM 的叫法）是连续分布，有正态分布的残差。事实上，SEM 分析的残差不仅仅要求服从单变量正态分布，它们的联合分布也要服从联合多变量正态分布。

然而，这个假设在实际中从未满足。SEM 专家已经开发多种方法处理非正态分布变量。这些方法是为假设有潜在连续分布的变量而设计。

5.1.2.3 模型可以识别，亦即识别方程有效

为了产生有判断力的一组结果，SEM 程序需要已知足够数量的相关阵或协方差阵作为输入。另一个要求是方程完全可识别。

在 SEM 中，识别涉及参数估计至少有一个唯一解的概念。参数估计只有一个可能解的模型称为恰好识别。有无限可能参数估计值的模型叫作欠识别。最后，参数估计多于一个可能解（除了一个最佳或最优解外）的模型叫作过度识别。

5.1.2.4 缺失值的正确处理

许多 SEM 软件接受相关阵或协方差阵的输入，使用另一个软件（如 SPSS），能自己计算这些矩阵，然后将数据输入到 AMOS 或其他 SEM 软件中进行分析。

例如，在一本杂志中发表文章，如果打算重新分析报告的协方差阵，这个功能就很有用。然而，通常使用行数据输入作为首选的模型分析：研究者通过数据库，也许是 SPSS 或其他通用格式（像微软的 Excel），给 SEM 程序，

计算协方差作为分析的一部分。如果数据库没有完整的数据，这些程序能够做什么？缺失数据问题的典型解决方法包括列删、对删和均值替代。个案的列删是指，如果个案有一个或多个缺失数据，整个个案的记录被删除；对删是指两变量相关系数只有用到个案数据时才被计算，对删导致数据库中两变量协方差或相关系数有不同的样本量；缺失数据另一个典型的处理技术是在变量的缺失数据处用变量的均值替代。

但是这些典型的缺失数据处理方法从统计观点来看没有多少吸引力。列删导致统计功效降低，特别是如果许多个案在多个变量上只有几个数据缺失，更不要说在数据库中所有完全测量的个体限制统计推断。对删在边际上比较好，但协方差或相关使用不同的样本量的结果对模型拟合效果有很大的影响，有时包括不可能解。最后，均值替代在所替代的地方会收缩变量的方差，这不是所期望的。这些方法最致命的问题是假设缺失数据是完全随机缺失。

5.2 基于灰色聚类的测评指标体系

5.2.1 测评指标体系建立原则

测评指标的选取是为了构建一个评价体系，作为评价系统过程分析模型评价的质量的标准和尺度。评价指标选取应遵循以下原则：

5.2.1.1 科学性原则

测评指标体系应当是建立在科学的理论基础之上的，以反映技术溢出的基本特征，指标体系的科学性是确保评价结果准确合理的基础。评价指标体系是理论和实践相结合的产物，它必须是客观抽象的描述。产业科技竞争力涉及的因素很多，如何对其进行高度的抽象、概括，如何在抽象、概括中抓住最主要、最本质、最有代表性的因素，是设计指标体系的关键。对客观实际抽象描述越清楚、越简练、越符合实际，其科学性也就越强。

5.2.1.2 系统性原则

技术溢出的系统过程分析是一项复杂的系统工程，这就要求所建立的指标体系具有足够的涵盖面，能够充分反映技术溢出的系统性特征。指标体系是由一组相互之间具有密切联系的个体指标所构成的，而不是许多指标的简单堆砌，指标之间应该具有一定的内在逻辑关系。产业科技竞争力的强弱由产业内的人力、资本和研发等一级影响因素决定，同时也受到外部环境的影响，是所有要素的组合效应的综合反映。因此，对产业科技竞争力的评价就必须遵循系统设计、系统评估的原则，才能全面、客观、合理地做出评价。

5.2.1.3 可操作性原则

评价应遵循可操作性原则。这包括三方面的内涵：一是数据资料的可获得性，数据资料尽可能通过检索专业统计年鉴获得，或者在现有资料上通过加工处理得到；二是数据资料的可量化性，尽可能采用有数据支撑的指标，舍弃数据不可获得的指标；三是评价指标在保证其反映的信息不损失的前提下，应尽可能简化。

5.2.1.4 可比性原则

要进行系统过程评价，必须明确评价指标体系中每个指标的含义、统计口径、时间、地点及适用范围，以确保基本指标既可以进行横向比较，又可以与以往历史资料衔接，以便更好地了解和把握不同产业的实际科技水平和变化趋势。因此，在进行产业科技竞争力评价时，为了确保可比性，评价指标应尽可能采用现有规范的统计指标。

5.2.1.5 过程指标和状态指标相结合原则

流量指标反映技术溢出水平提高的过程，状态指标反映结果。以往人们比较重视状态指标，而对过程指标注意得不够。实际上，流量指标反映了技术溢出过程长期的稳定趋势，具有重要的作用，不可或缺。因此，在进行评价指标设计时，一定要将状态指标和流量指标相结合。

5.2.2 灰色聚类测评基本原理

灰色系统理论以“部分信息已知，部分信息未知”的“小样本”“贫信息”不确定性系统为研究对象，主要通过对“部分”已知信息的生成、开发，提取有价值的信息，实现对系统运行行为、演化规律的正确描述和有效监控。社会、经济、农业、工业、生态、生物等许多系统，是按照研究对象所属的领域和范围命名的，而灰色系统确是按颜色命名的。在控制论中，人们常用颜色的深浅形容信息的明确程度，如阿什比（Ashby）将内部信息未知的对象称为黑箱（Black Box），这种称谓已为人们普遍接受。我们用“黑”表示信息未知，用“白”表示信息完全明确，用“灰”表示部分信息明确、部分信息不明确。相应地，信息完全明确的系统称为白色系统，信息未知的系统称为黑色系统，部分信息明确、部分信息不明确的系统称为灰色系统。

过去，对样本（或指标）进行分析归类主要依靠经验和专业知识来进行，随着生产技术和科学的发展，分类越来越细，单凭经验和专业知识很多时候已经不能确切分类，近年来，由于电子计算机技术和多元统计的发展，寻找科学的、客观的分类方法——聚类分析方法形成了。聚类分析方法是研究“物以类聚”的一种多元统计方法，当各类事物缺乏可靠的历史资料，甚至连总共有多少类别都不能确定时，在这种情况下，只能将性质相近的事物归入一类，而将性质差异较大的分在不同的类别，这就是聚类分析的基本原理。

而灰色聚类是根据灰色关联矩阵或灰数的白化权函数将一些观测指标或观测对象划分成若干个可定义类别的方法。一个聚类可以看作是属于同一类的观测对象的集合。在实际问题中，往往是每个观测对象具有许多个特征指标，难以进行准确的分类。

按聚类对象划分，灰色聚类可分为灰色关联聚类和灰色白化权函数聚类。灰色关联聚类主要用于同类因素的归并，以使复杂系统简化。通过灰色关联聚类，可以检查许多因素中是否有若干个因素大体上属于同一类，能用这些因素的综合平均指标或其中的某一个因素来代表这若干个因素而使信息不受严重损失。这是属于系统变量的删简问题。在进行大面积调研之前，通过典型抽样数据的灰色关联聚类，可以减少不必要变量的收集，以节省经费。灰色白化权函数聚类主要用于检查观测对象是否属于事先设定的不同类别，以便区别对待。具体做起来，灰色白化权函数聚类比灰色关联聚类复杂一些。

近年来随着灰色理论在科学研究领域的作用的充分发挥，灰色聚类分析方法在国内外得到了广泛的应用，尤其是在绩效评价及基因表达数据的研究分析方面，同时也体现在旅游业的发展比较分析、气象分析、自然语言识别方法研究等许多领域。

灰色聚类分析的大致过程可以描述如下：首先根据一批样本多项指标观测数据，找出能够度量指标之间相似程度的统计量，以这些统计量作为分类的依据，把一些相似程度较大的样指标聚合为一类，把另一些彼此之间相似程度较大的指标又聚合为另一类等，关系密切的聚合到一个小的分类单位，关系疏远的聚合到一个较大的分类单位，直到把所有的指标都聚合完毕，把不同的类型逐一划分出来，形成一个由小到大的分类系统，最后再把整个分类系统画成一张分类图，用它把所有的指标之间的亲疏关系表示出来，到此，聚类分析的整个过程就算进行完毕了。

设有 n 个观测对象，每个对象观测 m 个特征数据，得到序列如下：

$$X_1=(x_1(1),\ x_1(2),\ \cdots,\ x_1(n))$$

$$X_2=(x_2(1),\ x_2(2),\ \cdots,\ x_2(n))$$

$$\cdots\cdots\cdots\cdots$$

$$X_m=(x_m(1),\ x_m(2),\ \cdots,\ x_m(n))$$

对所有的 $i\leqslant j$，i，$j=1$，2，…，m，计算出 X_i 与 X_j 的灰色绝对关联度 ε_{ij}，得出三角矩阵 $A=\begin{pmatrix}\varepsilon_{11} & \varepsilon_{12} & \cdots & \varepsilon_{11}\\ & \varepsilon_{22} & \cdots & \varepsilon_{2m}\\ & & \ddots & \vdots\\ & & & \varepsilon_{mm}\end{pmatrix}$，其中 $\varepsilon_{ii}=1$，$i=1$，2，…，m。该矩阵 A 称为特征变量关联矩阵。取定临界值 $r\in[0,\ 1]$，一般要求 $r>0.5$，当 $\varepsilon_{ij}\geqslant r(i\neq j)$ 时，则视 X_j 与 X_i 为同类特征。

特征变量在临界值 r 下的分类称为特征变量的 r 灰色关联聚类。r 可根据实际问题的需要确定，r 越接近于 1，分类越细，每一组分中的变量相对地越少；r越小，分类越粗，这时每一组分中的变量相对越多。

5.2.3　评测指标体系选择模型

由于评价指标 t_{ij}是主观指标，只有将其转化成为定量指标才能实现绩效评价，因此，根据指标体系选择的具体要求，设定具体的评分标准。由第 k 位专家（$k=0, 1, 2, \cdots, m$）依据评分标准对绩效评价指标 t_{ij}打分 d_{ijk}，建立评价体系样本矩阵 D。

$$D=\begin{bmatrix} d_{111} & d_{112} & \cdots & d_{11m} \\ d_{121} & d_{122} & \cdots & d_{12m} \\ \vdots & \vdots & d_{ijk} & \vdots \\ d_{ij1} & d_{ij2} & \cdots & d_{ijm} \end{bmatrix} \begin{matrix} t_{11} \\ t_{12} \\ \vdots \\ t_{ij} \end{matrix} \tag{5-1}$$

为评定某指标体系属于最优指标体系的程度，需要正确确定评价灰类的等级数、灰类的灰数及灰数的白化权函数。绩效程度的高低分为 3 个等级，用灰类集表示为：

$$k \in K = (1, 2, 3) \tag{5-2}$$

式中：“1”表示相似度低；“2”表示相似度中等；“3”表示相似度高。

最佳的聚类效果应该是随着样本值与某一类灰类特征值的差别增大，样本值白化后的值应急剧变化，而经典的白化权函数的函数值却是稳定变化的，因此对经典白化权函数进行改进：

$$f_{低}(x)=\begin{cases} 1, & x \leqslant \lambda_1 \\ e^{\frac{x-\lambda_1}{x-\lambda_2}}, & \lambda_1 < x < \lambda_2 \\ 0, & x \geqslant \lambda_2 \end{cases} \tag{5-3}$$

$$f_{中}(x)=\begin{cases} 0, & x \leqslant \lambda_1 \\ e^{\frac{x-\lambda_2}{x-\lambda_1}}, & \lambda_1 < x < \lambda_2 \\ e^{\frac{x-\lambda_2}{x-\lambda_3}}, & \lambda_2 \leqslant x < \lambda_3 \\ 0, & x \geqslant \lambda_3 \end{cases} \tag{5-4}$$

$$f_{高}(x)=\begin{cases}0, & x\leqslant\lambda_2\\ e^{\frac{x-\lambda_3}{x-\lambda_2}}, & \lambda_2<x<\lambda_3\\ 1, & x\geqslant\lambda_3\end{cases}\tag{5-5}$$

其中，λ_{ijk}为第 ij 个指标对于灰类 k 的白化函数的特征值（门阈值），采用累计频率法，选用各指标经过无量纲化处理后矩阵的累计频率曲线 30%、60%、90% 的分位对应点。

$$\lambda_{jk}=\begin{bmatrix}\lambda_{1低} & \lambda_{1中} & \lambda_{1高}\\ \lambda_{2低} & \lambda_{2中} & \lambda_{2高}\\ \vdots & \vdots & \vdots\\ \lambda_{n低} & \lambda_{n中} & \lambda_{n高}\end{bmatrix}\begin{matrix}1\\2\\ \vdots\\ n\end{matrix}\tag{5-6}$$

设 σ_{ijk}为指标 t_{ij}属于第（$k=1, 2, 3$）评价灰类的权，f_{jk}为把 t_{ijk}指标归为 k 灰类的白化权函数，q_{ijk}为聚类权折算系数，因此对于绩效评价指标 t_{ij}属于第 k 个评价灰类的灰色聚类权公式为：

$$\delta_{ijk}=\sum_{ij=1}^{n}f_{ijk}(d_{ijk})q_{ijk}$$

其中灰色聚类权折算系数 $q_{ijk}=\frac{\lambda_{ijk}}{\sum_{j=1}^{n}\lambda_{ijk}}$。

因此得到对于 t_{ij}指标对于 k 评价灰类的灰色聚类权矩阵 δ 如下：

$$\delta=\begin{bmatrix}\delta_{111} & \delta_{112} & \delta_{113}\\ \delta_{121} & \delta_{122} & \delta_{123}\\ \vdots & \vdots & \vdots\\ \delta_{521} & \delta_{522} & \delta_{523}\end{bmatrix}\begin{matrix}1\\2\\ \vdots\\ n\end{matrix}\tag{5-7}$$

对 t_{ij}指标相似值的估计依据下列算法，根据低化原则：

$\delta_{ijk}=\min(\delta_{ij低}, \delta_{ijk中}, \delta_{ijk高})$，则表示 t_{ij}指标相似值属于 $k*$ 灰类，即可以判断 t_{ij}指标的相似值是低、中或者高，为指标体系的选择提供数据依据。

5.2.4 最优评测指标体系选择

评定指标体系同最优指标体系的相似程度，对指标表征见表 5－1。

表 5-1　　　　指标评价体系及相应权重

模块	流率因素	存量因素	备注
Labor：人才总量	*IRL*：人才增长率	*GPR*：政府政策限制	X_1
	DRL：人才流失率	*MS*：市场状况	X_2
		LE：人才培训	X_3
		IN：研究机构数量	X_4
Capital：资本水平	*IRC*：资本流入率	*NRE*：自然资源禀赋	X_5
	DRC：资本流入限制	*IE*：投资环境	X_6
		IR：投资风险	X_7
		MS：市场状况	X_8
		LR：贷款利率	X_9
Tech：技术水平	*IRT*：技术水平提升速度	*IN*：研究机构数量	X_{10}
		CFCT：资金技术转换因子	X_{11}
		GPR：政府政策限制	X_{12}
	DRT：技术水平限制	*MCN*：跨国公司数量	X_{13}

某些指标可能是相关或混同的，希望通过对少数对象的观测结果，将上述指标适当归类，删去一些不必要的指标，简化考察标准。

对所有的 $i \leqslant j$，i，$j=1$，2，…，13，计算出 X_i 与 X_j 的灰色绝对关联度，得出三角矩阵见表 5-2。

表 5-2　　　　指标关联矩阵

指标	X_1	X_2	X_3	X_4	X_5	X_6	X_7	X_8	X_9	X_{10}	X_{11}	X_{12}	X_{13}
X_1	1	0.82	0.88	0.99	0.78	0.77	0.71	0.66	0.51	0.51	0.79	0.61	0.64
X_2	—	1	0.83	0.94	0.63	0.69	0.69	0.69	0.51	0.51	0.63	0.72	0.54
X_3	—	—	1	0.96	0.79	0.51	0.62	0.51	0.51	0.51	0.78	0.34	0.63
X_4	—	—	—	1	0.71	0.63	0.78	0.51	0.69	0.62	0.52	0.62	0.73
X_5	—	—	—	—	1	0.95	0.91	0.83	0.83	0.52	0.61	0.54	0.72

续表

指标	X_1	X_2	X_3	X_4	X_5	X_6	X_7	X_8	X_9	X_{10}	X_{11}	X_{12}	X_{13}
X_6	—	—	—	—	—	1	0.81	0.89	0.92	0.52	0.54	0.62	0.69
X_7	—	—	—	—	—	—	1	0.92	0.87	0.73	0.51	0.73	0.57
X_8	—	—	—	—	—	—	—	1	0.91	0.51	0.63	0.51	0.34
X_9	—	—	—	—	—	—	—	—	1	0.71	0.52	0.71	0.38
X_{10}	—	—	—	—	—	—	—	—	—	1	0.91	0.92	0.85
X_{11}	—	—	—	—	—	—	—	—	—	—	1	0.83	0.88
X_{12}	—	—	—	—	—	—	—	—	—	—	—	1	0.62
X_{13}	—	—	—	—	—	—	—	—	—	—	—	—	1

利用表 5－2 即可对指标进行聚类。临界值 r 可根据要求取不同的值。例如令 $r=1$，则上述 13 个指标各自成为一类。

令 $r=0.80$，我们从第一行开始进行检查，挑出大于 0.80 的 $\varepsilon_{i,j}$，有：

$\varepsilon_{i,j}\geqslant 0.8$，$i$，$j=1$，2，…，7。从而可知：$X_1$，$X_2$，$X_3$，$X_4$ 在同一类中；X_5，X_6，X_7，X_8，X_9 在同一类中；X_{10}，X_{11}，X_{12}，X_{13} 为一类。

（1）评价样本矩阵。对于第 i 年建立评价样本矩阵 D_i。

$$D=\begin{bmatrix} d_{111} & d_{112} & \cdots & d_{11m} \\ d_{121} & d_{122} & \cdots & d_{12m} \\ \vdots & \vdots & d_{ijk} & \vdots \\ d_{ij1} & d_{ij2} & \cdots & d_{ijm} \end{bmatrix}\begin{matrix} t_{11} \\ t_{12} \\ \vdots \\ t_{ij} \end{matrix} \tag{5-8}$$

（2）评价灰类的确定及等值化赋值。绩效等级的高低分为 3 个等级，用灰类集表示为：

$$k\in K=(1,\ 2,\ 3) \tag{5-9}$$

式中：“1” 表示相似度低；“2” 表示相似度中等；“3” 表示相似度高。

（3）灰色聚类权矩阵的计算。依据改进后的白化权函数及相应处理的门阈值计算第 k 个评价灰类的灰色聚类权公式为：

$$\delta_{ijk} = \sum_{ij=1}^{n} f_{ijk}(d_{ijk})\,q_{ijk}$$

其中，灰色聚类权折算系数 $q_{ijk} = \dfrac{\lambda_{ijk}}{\sum_{j=1}^{n}\lambda_{ijk}}$。

$f_1^1[30,\ 80,\ -,\ -]$，$f_1^2[10,\ 40,\ -,\ 70]$，$f_1^3[-,\ -,\ 10,\ 30]$，
$f_2^1[30,\ 90,\ -,\ -]$，$f_2^2[20,\ 50,\ -,\ 90]$，$f_2^3[-,\ -,\ 20,\ 40]$，
$f_3^1[40,\ 100,\ -,\ -]$，$f_3^2[30,\ 60,\ -,\ 90]$，$f_3^3[-,\ -,\ 30,\ 50]$，…

由以上白化权函数得：

$$f_1^1(x)=\begin{cases}0,\ x<30\\ \dfrac{x-30}{80-30},\ 30\leqslant x<80\\ 1,\ x>80\end{cases};\quad f_1^2(x)=\begin{cases}0,\ x\notin[10,\ 70]\\ \dfrac{x-10}{40-10},\ 10\leqslant x<40\\ \dfrac{70-x}{70-40},\ 40\leqslant x<70\end{cases};$$

$$f_1^3(x)=\begin{cases}0,\ x\notin[0,\ 30]\\ 1,\ 0\leqslant x<10\\ \dfrac{30-x}{30-10},\ 10\leqslant x<30\end{cases};\quad f_2^1(x)=\begin{cases}0,\ x<30\\ \dfrac{x-30}{90-30},\ 30\leqslant x<90\\ 1,\ x>90\end{cases};$$

$$f_2^2(x)=\begin{cases}0,\ x\notin[20,\ 90]\\ \dfrac{x-20}{50-20},\ 20\leqslant x<50\\ \dfrac{90-x}{90-50},\ 50\leqslant x<90\end{cases};\quad f_2^3(x)=\begin{cases}0,\ x\notin[0,\ 40]\\ 1,\ 0\leqslant x<20\\ \dfrac{40-x}{40-20},\ 20\leqslant x<40\end{cases};$$

$$f_3^1(x)=\begin{cases}0,\ x<40\\ \dfrac{x-40}{100-40},\ 40\leqslant x<100\\ 1,\ x>100\end{cases};\quad f_3^2(x)=\begin{cases}0,\ x\notin[30,\ 90]\\ \dfrac{x-30}{50-30},\ 30\leqslant x<50\\ \dfrac{90-x}{90-50},\ 50\leqslant x<90\end{cases}$$

于是：

$\lambda_1^1=80$，$\lambda_2^1=90$，$\lambda_3^1=100$，$\lambda_1^2=40$，$\lambda_2^2=50$，$\lambda_3^2=60$，$\lambda_1^3=10$，$\lambda_2^3=20$，$\lambda_3^3=30$，…

由 $\eta_j^k=\dfrac{\lambda_j^k}{\sum\limits_{j=1}^{3}\lambda_j^k}$，得：

$\eta_1^1=\dfrac{80}{270}$，$\eta_2^1=\dfrac{90}{270}$，$\eta_3^1=\dfrac{100}{270}$，$\eta_1^2=\dfrac{40}{150}$，$\eta_2^2=\dfrac{50}{150}$，$\eta_3^2=\dfrac{60}{150}$，$\eta_1^3=\dfrac{10}{60}$，$\eta_2^3=\dfrac{20}{60}$，$\eta_3^3=\dfrac{30}{60}$，…

再由 $\sigma_i^k = \sum_{j=1}^{m} f_j^k(x_{ij}) \cdot \eta_j^k$，当 $i=1$ 时，有：

$$\begin{aligned}\sigma_1^1 &= \sum_{j=1}^{3} f_j^1(x_{1j}) \times \eta_j^1 \\ &= f_1^1(80) \times \frac{80}{270} + f_2^1(20) \times \frac{90}{270} + f_3^1(100) \times \frac{100}{270} = 0.6296\end{aligned}$$

同理，得：$\sigma_1^2=0$，$\sigma_1^3=0.3333$。所以，$\sigma_1=(\sigma_1^1, \sigma_1^2, \sigma_1^3)=(0.6296, 0, 0.3333)$。

同法计算：

当 $i=2$ 时，$\sigma_2=(\sigma_2^1, \sigma_2^2, \sigma_2^3)=(0.0593, 0.3778, 0.6667)$；

当 $i=3$ 时，$\sigma_3=(\sigma_3^1, \sigma_3^2, \sigma_3^3)=(0.4667, 0.4, 0.1667)$，直到 $i=16$，…。

综合以上所得结果，可得灰色聚类系数矩阵：

$$\sum = (\sigma_i^k) = \begin{bmatrix} \sigma_1^1 & \sigma_1^2 & \sigma_1^3 \\ \sigma_2^1 & \sigma_2^2 & \sigma_2^3 \\ \sigma_3^1 & \sigma_3^2 & \sigma_3^3 \\ \vdots & \vdots & \vdots \\ \sigma_{16}^1 & \sigma_{16}^2 & \sigma_{16}^3 \end{bmatrix} = \begin{bmatrix} 0.6296 & 0 & 0.3333 \\ 0.0593 & 0.3778 & 0.6667 \\ 0.4667 & 0.4 & 0.1667 \\ \vdots & \vdots & \vdots \\ 0.5237 & 0.7465 & 0.3333 \end{bmatrix}$$

由 $\max_{1 \leqslant k \leqslant 3}\{\sigma_1^k\}=\sigma_1^1=0.6296$，$\max_{1 \leqslant k \leqslant 3}\{\sigma_2^k\}=\sigma_2^3=0.6667$，$\max_{1 \leqslant k \leqslant 3}\{\sigma_3^k\}=\sigma_3^1=0.4667$，…，$\max_{1 \leqslant k \leqslant 3}\{\sigma_{16}^k\}=\sigma_{16}^2=0.7465$。

5.3 不同系统结构方程模型量化对比

5.3.1 主成分分析与解释方差

根据第 4 章的研究成果，产业间技术溢出效应与各个影响因素的假定关系如第 4 章图 4－4 所示，亦即所有的变量参数如表 5－3 所示，建构二级结构测评指标体系。

表 5 -3　　各模块子影响因素

模块	流率因素	存量因素
Labor：人才总量	*IRL*：人才增长率	*GPR*：政府政策限制
	DRL：人才流失率	*MS*：市场状况
		LE：人才培训
		IN：研究机构数量
Capital：资本水平	*IRC*：资本流入率	*NRE*：自然资源禀赋
		IE：投资环境
	DRC：资本流入限制	*IR*：投资风险
		MS：市场状况
		LR：贷款利率
Tech：技术水平	*IRT*：技术水平提升速度	*IN*：研究机构数量
		CFCT：资金技术转换因子
		GPR：政府政策限制
	DRT：技术水平限制	*MCN*：跨国公司数量

在关系图 4 -4 中，参考内生经济增长理论基础的罗默和卢卡（Romer & Lucas）模型，对产业间技术溢出的影响因素分析考虑了三个方面：人才、资金及技术水平。对这三个模块下属的某些不能量化的影响因素，参考 GSS（general social survey）的数据。

用因子分析假设出三大隐形变量，如表 5 -4 所示。为了得到无偏估计，影响人才、技术、资金水平的其他因素必须在模型之内。根据以往对这三类模型的研究，采用主成分分析法，经过旋转后得出 3 个因子的解释方差达到 75.491%，说明 3 个因子筛选良好。

表 5 -4　　解释变量和

因子	初始特征值			旋转后的平方载荷总和		
	特征值	方差贡献率	累计贡献率	特征值	方差贡献率	累计贡献率
1	5.729	36.532	26.532	4.736	33.348	33.348
2	3.893	26.878	63.41	3.635	21.263	54.611
3	2.827	20.04	83.45	2.491	20.88	75.491

第一个因子定义为政策类因子（GPR，LR，CFCT）；
第二个因子定义为环境类因子（MS，LE，IN，IE，IR，MCN）；
第三个因子定义为流率因子（IRL，DRL，IRC，DRC，IRT，DRT）。

5.3.2 不同结构方程模型对比

根据 LISREL 8.5，采用极大似然估计对上述模型进行估计。对下述两个模型进行比较：

模型一，没有将隐变量“技术溢出效应”加入模型。

模型二，将隐变量“技术溢出效应”加入模型：

$\chi^2 = 65.37$（$P = 0.000 < 0.001$）；

$\chi^2/df = 2.00$，$RMR = 0.054$；

$GFI = 0.891$；

$CFI = 0.938$。

结果如表 5-5 所示。

表 5-5　　模型对比

解释变量	模型 1	模型 2
技术溢出效应	—	0.217*
	—	-0.102
人才	1.921	1.782
	-0.465	-0.467
技术	3.722	3.294
	-0.605	-0.623
资本	2.031	2.623
	-0.927	-1.037
GPR	0.107	0.137
	-0.087	-0.094
LR	0.432	0.473
	-0.237	-0.242

续表

解释变量	模型 1	模型 2
MS	-0.125	0.038
	-0.372	-0.381
LE	0.294	0.304
	-0.614	-0.697
IN	0.03	0.075
	-0.188	-0.178
IE	0.497	0.597
	-0.107	-0.193
CFCT	0.484	0.527
	-0.755	-0.827
MCN	0.155	0.172
	-0.049	-0.14
IRL	0.881	0.921
	-0.653	-0.645
DRL	0.589	0.669
	-0.261	-0.303
IRC	0.556	0.563
	-0.789	-0.848
DRC	0.53	0.537
	-0.551	-0.572
IRT	0.685	0.807
	-0.678	-0.66
DRT	0.273	0.432
	-0.112	-0.327
调整	0.632	0.657
N = (20)	—	—

注：*表示加入隐变量“技术溢出效应”比对模型的结果。

将隐变量“技术溢出效应”加入模型后均提高了人才、资本、技术三个变量的解释方差。考虑一个递归模型，即认为技术溢出效应和人才、资本、技术之间的作用是相互的，并且在新模型中对老模型进行修正，将不显著的变量 *IE*、*MCN*、*LR*、*DRL*、*MS*、*IN*、*DRT* 去掉。

根据结构方程模型的研究经验，样本量少于 100 时，及时满足严格正态分布，仍很容易出现计算结果反常或者解释精度很差。因此，对待模型的解释精度问题上，鉴于中国年鉴数据的限制，我们依据表 5 - 6 所列的指标进行检验，结果见图 5 - 1。

表 5 - 6　　　　　　　　模型检验结果

项目	结果
Independence AIC	2016. 04
Model AIC	278. 15
Satureated AIC	306
Independence CAIC	491. 9
Satureated CAIC	1049. 26
Normed Fit Index	0. 91
Non - Normed Fit Index	0. 94
Parsimony Normed Fit Index	0. 72
Comparative Fit Index	0. 95
Incremental Fit Index	0. 95
Relative Fit Index	0. 88
Critical N	263. 34
Root Mean Square Residual	0. 101
Goodness of Fit Index	0. 903

通过图 5 - 1 可以看出，资金与技术水平模块对关联产业间技术溢出效应的影响系数要远大于人才模块对其的影响，因此地方政府在正确引导关联产业间技术溢出效应走势的时候，可以相机抉择，重点放在影响系数大的因素上。例如，放宽资金流入限制；鼓励资金在关联产业间的流动；通过提高产学研一体化的水平，加快技术水平提升速度；在区域内采取倾斜性的教育政策，鼓励高校科研院所培养与本地区产业结构相配套的人才等。

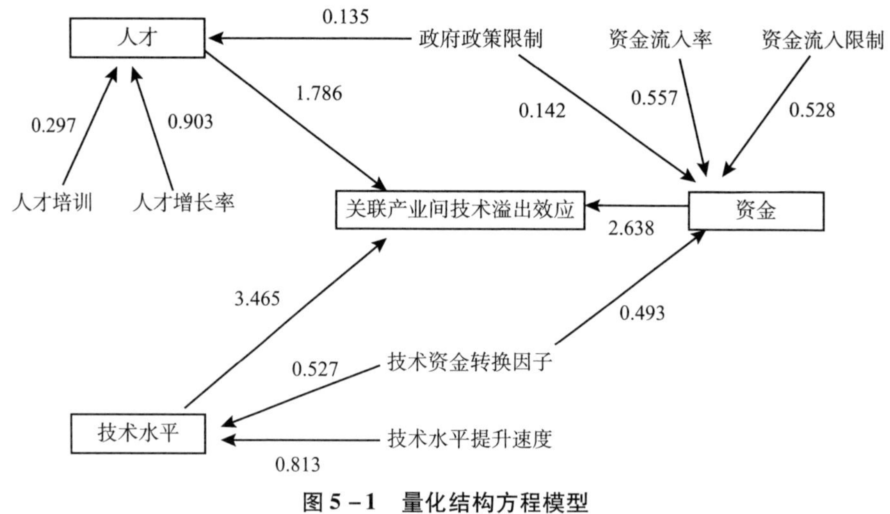

图 5-1　量化结构方程模型

5.4　本章小结

在上章提出的基于系统动力学的过程分析的基础上，本章侧重于进行关联产业间技术溢出的系统结构分析。

在明确结构方程适用于进行关联产业间技术溢出系统结构分析的基础上，列明结构方程的假设检验。作为结构方程检验的重要一步，测评指标体系的有效性和科学性对建立结构方程模型至关重要，本章依托灰色聚类模型，对由二级构成的指标体系进行最优体系选择。在上述研究的基础上，通过因子旋转和解释方差等原则，通过有无隐变量建立两个不同结构方程模型进行对比，最后选取通过检验的含隐变量模型作为正确的关联产业间技术溢出系统结构。

第6章
关联产业间技术溢出的实证研究

依据第4章系统动力学模型的建立，再通过第5章对模型量化、定量描述变量之间关系后，可以明确判断模型的可操作性。本章在此基础上以长三角地区为依托，进行关联产业间技术溢出的系统动力学模型实证研究。

6.1 相关数据的获取及处理

考虑到省级行政区域的相对稳定性，以及地方政府对区域经济发展的重要影响，同时也为了考虑到数据的可获得性和研究的方便，本书选取长三角区域的产业群体作为研究对象。区域经济视野下的长三角地区通常被接受的界定是长三角城市经济协会的16个城市，即包括上海、江苏东南部的8个城市和浙江东北部的7个城市，某种程度上是为了数据搜集的方便。

本书中所出现的长三角均是大长江三角洲，包括江苏、浙江、上海的全部，共28个城市、21.3万平方公里、约1.38亿人口。把经济地理意义上划分的15个城市作为长三角地区的核心区域，江苏、浙江两省的其他地区为长江三角洲的边缘区，把长江三角洲地区作为一个由核心区与边缘区共同构成的一体化经济区域进行研究。

因为本书主要是对提出的关联产业间技术溢出分析框架进行验证，能够验证分析框架的合理性、可用性及可信性即可，同时鉴于数据的可获得性及目前的统计年鉴与统计年报的口径问题，本书选取的长三角区域各种数据时间跨度为1999~2008年，在本书中，产出水平、资本投入和劳动力投入是系统动力模拟的关键变量，这几类主要数据的获取及相应的处理方法如下所述。

6.1.1 产出水平数据来源及处理

不变替代弹性生产函数中的产出一般是指按可比价格计算的最终产品价值。数据主要来自各省市统计年鉴及长三角区域统计资料汇编。同时所获得的数据需要对其中的价格因素剔除，所以本书采用《中国城市统计年鉴(2009)》中1978年的产出为基年不变价格的产出，并用《中国城市统计年鉴（2009)》中的以1978年为100的历年产出指数，对后续年份的产出进行价格指数平减，具体方法是用1978年的乘以相应年份的GDP指数，再除以100，就得到了1999~2008年产出的不变价格时间序列数据（见表6-1)。

表6-1　处理后的产出数据

产业	1999年	2000年	2001年	2002年	2003年	2004年	2005年	2006年	2007年	2008年
食品加工业	6.27	6.30	6.28	6.33	6.42	6.47	6.63	6.76	6.98	7.13
食品制造业	5.57	5.63	5.48	5.53	5.67	5.76	5.91	6.07	6.19	6.35
饮料制造业	5.44	5.62	5.69	5.72	5.77	5.87	6.01	6.11	6.15	6.30
纺织业	7.61	7.57	7.52	7.62	7.73	7.85	8.04	8.26	8.48	8.74
服装及其他纤维制品制造业	6.57	6.58	6.62	6.71	6.91	7.07	7.25	7.41	7.55	7.76
皮革、毛皮、羽绒及其制品业	5.76	5.79	5.77	5.76	6.01	6.24	6.53	6.75	6.94	7.08
木材加工及竹、藤、棕、草制品业	4.61	4.84	4.89	5.24	5.42	5.52	5.63	5.83	6.00	6.33
家具制造业	4.04	4.18	4.24	4.35	4.50	4.68	4.91	5.22	5.54	6.08

续表

产业	1999年	2000年	2001年	2002年	2003年	2004年	2005年	2006年	2007年	2008年
造纸及纸制品业	5.29	5.44	5.57	5.75	6.02	6.18	6.38	6.55	6.75	7.00
印刷业，记录媒介的复制	4.78	4.86	4.83	4.94	5.08	5.18	5.34	5.65	5.81	5.97
文教体育用品制造业	5.14	5.27	5.36	5.39	5.50	5.64	5.87	6.00	6.23	6.43
石油加工及炼焦业	5.79	5.98	6.02	6.17	6.59	6.76	6.76	7.07	7.38	7.67
化学原料及化学制品制造业	7.10	7.15	7.20	7.29	7.49	7.59	7.78	7.97	8.25	8.61
医药制造业	5.56	5.63	5.83	5.85	6.05	6.21	6.39	6.63	6.79	7.00
化学纤维制造业	6.04	6.06	6.01	6.22	6.53	6.24	6.44	6.75	7.17	7.48
橡胶制品业	5.29	5.33	5.31	5.27	5.34	5.32	5.58	5.87	6.14	6.45
塑料制品业	6.03	6.10	6.18	6.30	6.46	6.57	6.80	7.03	7.26	7.54
非金属矿物制品业	6.58	6.56	6.35	6.43	6.57	6.70	6.88	7.03	7.31	7.51
黑色金属冶炼及压延加工业	6.80	6.83	6.84	6.86	7.07	7.26	7.31	7.74	8.18	8.51
有色金属冶炼及压延加工业	5.79	5.69	5.74	5.83	6.08	6.19	6.37	6.70	7.13	7.51
金属制品业	6.43	6.45	6.56	6.65	6.82	6.90	7.15	7.40	7.72	7.88
普通机械制造业	6.92	6.95	6.99	7.06	7.22	7.36	7.60	7.90	8.22	8.45
专用设备制造业	6.40	6.37	6.27	6.34	6.48	6.60	6.85	7.04	7.29	7.49
交通运输设备制造业	7.00	7.07	7.10	7.23	7.35	7.48	7.78	8.10	8.20	8.30
电气机械及器材制造业	7.01	7.06	7.11	7.19	7.38	7.49	7.70	7.95	8.25	8.50
电子及通信设备制造业	6.65	6.89	7.13	7.27	7.59	7.78	8.01	8.56	8.97	9.19
仪器仪表及文化、办公用机械制造业	5.19	5.32	5.37	5.49	5.76	5.78	5.90	6.27	6.54	6.94

6.1.2 资本投入数据来源及处理

鉴于我国目前的统计条目中没有收录每年资本使用的流量数据，本书的物质资本投入由固定资本存量和流动资本构成。流动资本是指一年内生产所消耗的原材料、燃料和储备物质等存货及生产单位生产的产成品、在制品和半成品存货量的价值。我国统计资料中的存货增加即是流动资金平均年末余额。

目前对于固定资本存量的计算，普遍采用的方法是永续盘存法。但是估算资本存量需要确定以下四个指标：①当年投资的选取；②投资价格指数的构造；③折旧率的确定；④基年资本存量的确定。已有的文献在指标的具体处理上有很大差异，本书采用刘亚军（2006）的方法，当年的投资指标采用固定资本形成总额，用固定资产投资价格指数调整为1978年不变价，将固定资产投资各类寿命计算折旧率加权平均后得到的折旧率为9.6%，基年资本存量以1978年不变价的固定资本形成总额除以9.6%。

$$C_t = C_{t-1}(1-\delta_{t-1}) + \frac{f_t}{P_t} \tag{6-1}$$

其中，C_t 是指 t 年的1978年不变价固定资本存量，C_{t-1}是指 $t-1$ 年的1978年不变价固定资本存量，δ_{t-1}是指 $t-1$ 年的折旧率，f_t 是指 t 年的固定资本形成总额，P_t 是指 t 年固定资产投资价格指数。其中固定资产投资价格指数、固定资本形成总额均来自《中国城市统计年鉴》及各省市1999～2008年的统计年报（见表6－2）。

表6－2　处理后的资本数据

产业	1999年	2000年	2001年	2002年	2003年	2004年	2005年	2006年	2007年	2008年
食品加工业	4.79	4.96	5.04	5.11	5.06	5.02	5.04	5.09	5.11	5.32
食品制造业	4.61	4.89	4.83	4.90	4.82	4.81	4.85	4.92	5.05	5.13
饮料制造业	4.59	4.71	4.97	5.09	5.10	5.12	5.17	5.22	5.15	5.20
烟草加工业	4.67	3.50	3.76	4.01	4.18	4.14	4.34	4.39	4.44	4.43
纺织业	6.57	6.67	6.76	6.79	6.78	6.80	6.93	7.11	7.28	7.42
服装及其他纤维制品制造业	5.00	5.09	5.15	5.24	5.28	5.40	5.52	5.67	5.85	5.99
皮革、毛皮、羽绒及其制品业	4.04	4.17	4.18	4.19	4.32	4.27	4.48	4.64	4.90	5.05
木材加工及竹、藤、棕、草制品业	3.53	3.61	3.87	4.04	4.16	4.29	4.31	4.38	4.54	4.79
家具制造业	2.74	3.11	3.20	3.23	3.28	3.31	3.57	3.89	4.17	4.52

续表

产业	1999年	2000年	2001年	2002年	2003年	2004年	2005年	2006年	2007年	2008年
造纸及纸制品业	4.31	4.83	5.24	5.40	5.76	5.86	5.97	6.03	6.15	6.41
印刷业，记录媒介的复制	3.89	4.02	4.23	4.30	4.41	4.50	4.60	4.89	5.02	5.20
文教体育用品制造业	3.57	3.67	3.85	3.92	3.95	4.00	4.20	4.31	4.49	4.67
石油加工及炼焦业	4.62	5.04	5.24	5.26	5.37	5.74	5.77	5.90	5.99	6.03
化学原料及化学制品制造业	6.19	6.29	6.43	6.52	6.58	6.64	6.68	6.81	6.93	7.39
医药制造业	4.38	4.59	4.84	4.92	5.07	5.19	5.41	5.55	5.73	5.88
化学纤维制造业	5.69	5.70	5.86	5.94	5.99	5.65	5.76	5.83	6.05	6.27
橡胶制品业	4.08	4.33	4.54	4.59	4.63	4.84	4.72	4.92	5.18	5.48
塑料制品业	4.91	5.10	5.24	5.38	5.42	5.51	5.61	5.75	5.96	6.28
非金属矿物制品业	5.87	6.01	6.04	6.09	6.09	6.10	6.13	6.21	6.43	6.72
黑色金属冶炼及压延加工业	6.20	6.18	6.40	6.74	6.88	6.78	6.85	6.93	7.06	7.26
有色金属冶炼及压延加工业	4.32	4.42	4.56	4.67	4.62	4.65	4.69	4.72	4.92	5.27
金属制品业	5.19	5.34	5.47	5.60	5.60	5.61	5.72	5.85	6.05	6.20
普通机械制造业	5.78	5.95	6.07	6.12	6.18	6.22	6.34	6.46	6.66	6.84
专用设备制造业	5.32	5.33	5.32	5.41	5.44	5.44	5.46	5.55	5.81	6.03
交通运输设备制造业	5.70	5.90	6.09	6.21	6.35	6.43	6.50	6.60	6.76	6.94
电气机械及器材制造业	5.60	5.81	5.92	6.02	6.09	6.12	6.19	6.34	6.50	6.69
电子及通信设备制造业	5.36	5.61	5.80	5.98	6.13	6.34	6.58	6.88	7.33	7.54
仪器仪表及文化、办公用机械制造业	4.08	4.11	4.23	4.28	4.21	4.26	4.31	4.65	4.76	5.09

6.1.3 总就业数据来源及处理

理论上，总就业投入应当以标准劳动强度的劳动时间来计算，而在中国，目前还没有直接的劳动时间统计，基于数据的可得性和可靠性，本书采用一年中实际就业的劳动力人数来替代劳动力投入水平，数据来自历年统计年鉴及统计年报（见表6－3）。

表 6-3　劳动投入原始数据　单位：万人

产业	1999年	2000年	2001年	2002年	2003年	2004年	2005年	2006年	2007年	2008年
农副食品加工业	30.7	31.0	28.9	26.3	21.9	20.8	20.1	18.9	19.1	20.4
食品制造业	23.2	23.5	23.2	21.1	17.6	16.7	14.8	16.6	16.3	16.8
饮料制造业	17.1	17.2	17.5	15.9	13.2	12.6	12.3	11.0	12.8	12.4
烟草制品业	1.7	1.7	1.6	1.5	1.2	1.2	1.6	1.6	1.5	1.6
纺织业	236.6	238.9	206.3	187.6	156.3	148.9	155.9	179.4	193.2	228.9
纺织服装、鞋、帽制造业	72.1	72.8	68.0	61.8	51.5	49.1	93.1	115.8	129.0	136.6
皮革、毛皮、羽毛（绒）及其制品业	26.8	27.0	26.4	24.0	20.0	19.0	33.1	46.6	54.3	64.0
木材加工及木、竹、藤、棕、草制品业	9.8	9.9	9.9	9.0	7.5	7.2	12.8	16.1	17.1	20.7
家具制造业	7.0	7.0	6.8	6.2	5.1	4.9	6.2	8.4	12.0	17.9
造纸及纸制品业	22.5	22.7	21.3	19.4	16.2	15.4	18.6	21.6	23.3	26.1
印刷业和记录媒介的复制	17.7	17.8	16.0	14.5	12.1	11.5	10.5	12.3	13.4	14.9
文教体育用品制造业	20.3	20.5	19.2	17.5	14.6	13.9	20.8	27.0	30.7	33.1
石油加工、炼焦及核燃料加工业	7.3	7.4	7.8	7.1	5.9	5.7	7.6	6.6	6.3	6.0
化学原料及化学制品制造业	83.0	83.9	81.7	74.3	61.9	58.9	65.0	65.0	66.3	71.1
医药制造业	19.1	19.3	20.1	18.2	15.2	14.5	17.7	21.9	22.4	23.7
化学纤维制造业	20.9	21.1	23.8	21.6	18.0	17.2	13.9	14.5	16.8	19.1

续表

产业	1999年	2000年	2001年	2002年	2003年	2004年	2005年	2006年	2007年	2008年
橡胶制品业	21.0	21.2	20.1	18.2	15.2	14.5	13.1	15.6	17.7	22.2
塑料制品业	38.4	38.8	37.2	33.8	28.2	26.8	33.1	41.5	48.1	55.6
非金属矿物制品业	118.3	119.5	108.0	98.2	81.9	78.0	50.6	51.5	54.2	56.3
黑色金属冶炼及压延加工业	37.9	38.3	34.8	31.6	26.4	25.1	25.8	27.1	29.7	35.2
有色金属冶炼及压延加工业	16.5	16.6	13.1	11.9	9.9	9.4	11.6	12.0	14.0	18.2
金属制品业	63.1	63.7	57.3	52.1	43.4	41.4	51.4	60.4	71.0	79.2
通用设备制造业	112.8	113.9	112.5	102.3	85.2	81.2	91.0	103.2	121.4	138.3
专用设备制造业	74.6	75.4	67.7	61.5	51.3	48.8	44.6	44.4	51.1	54.9
交通运输设备制造业	70.9	71.6	66.6	60.6	50.5	48.1	57.3	68.9	80.6	88.1
电气机械及器材制造业	84.6	85.5	78.4	71.3	59.4	56.6	70.6	85.2	97.9	115.7
通信设备、计算机及其他电子设备制造业	48.2	48.7	45.6	41.4	34.5	32.9	49.8	77.1	103.8	133.1
仪器仪表及文化、办公用机械制造业	26.3	26.6	23.5	21.4	17.8	17.0	15.6	20.1	22.9	27.5

资料来源：《中国城市统计年鉴（2009）》。

6.2 长三角区域的系统动力学模拟

6.2.1 模型的参数值及初始条件

以索洛模型为代表的生产函数假设技术进步是希克斯中性的，即资本劳动比（技术系数）不变，资本和劳动的边际替代率不变，而且内部技术规模报酬不变（$\alpha+\beta=1$）。

技术溢出效应是一个多变量共同作用的、螺旋式上升的动态过程。借鉴索洛的总量生产函数，纳入技术溢出效应转换因子，通过地区总产出的变动来衡量技术溢出效应。

$$Q=\mu A(t)K^{\alpha}L^{\beta} \tag{6-2}$$

式中：Q 表示总产出；μ 表示表示技术溢出效应转换因子；K 表示资本投入；L 表示劳动投入；$A(t)$表示一段时间内技术变化的累计效应，相当于时期 t 的技术水平。α，β 是资本和劳动的产出弹性，即在其他条件不变的情况下，资本或人员每增加 1% 产出增加的百分比。运用上式来衡量技术溢出效应，一方面体现了规模报酬递增的特点（$\alpha+\beta\geqslant 1$），另一方面通过溢出效应转换因子（μ）反映除规模收益外的溢出经济对地区整体生产效率的作用。

对于技术溢出效应的参数设置，由于溢出效应转换因子随人口数量的增加呈递增趋势，为了将其表示在模型中，参考已发表文献对中国部分地区实证研究结果推导出的经济模型，采取大多数学者算出的有效平均值，本书将技术溢出效应的模型参数设定为$\mu=1$，$\alpha=0.6$，$\beta=0.7$。

如此设置参数不仅体现了规模收益递增的特点，而且能够表明溢出经济对关联产业间生产效率的提升作用。

变量初值代表了技术溢出经济系统的初始状态，需根据不同的实际初始情况输入初始值，进而利用仿真过程中变量迭代结果反映技术溢出效应的变动趋势。

在水平变量方面，人员、技术和资本量纲上的区别增加了计算过程的烦琐程度，因此最终模型输出用相对值表示变量大小，将 A_0 设定为 1，L_0 和 K_0

设定为 100，数值越大则说明技术水平越高、人员越多或者资本越充足。

对于速率变量，如人员增长率与流失率、技术水平提升与限制、资本流入率与限制，其取值范围一般设为 [0，1]。

另外，为了更加直观地表示辅助变量与速率变量之间的关系，在政府政策、市场条件和投资环境等难以量化的指标中，范围也被限定在 [0，1] 之间，而研究机构、跨国公司等变量需进行适当转换，变为能够参与速率变量计算的数值。

实质上，这种量化方法与定性仿真中的区间数方法类似，不同的是区间数没有上升与下降方向等附加属性。

6.2.2 系统动力学模型的有效性检验

在进行仿真计算之前，必须对技术溢出效应的系统动力学模型进行有效性检验。检验方法有两种：一是理论检验，主要从模型边界的合理性、模型变量间关系的真实性、量纲的一致性及外生变量和参数的取值合理性等方面进行检验；二是历史检验，把模拟结果与历史数据进行对照和比较，以验证模型与客观系统的吻合程度，从而判定模型能否有效地反映客观系统。一般地，系统动力学方法认为，模型结构的正确性远比参数的选择更为重要，因此应以理论检验为主，着重考察模型结构的有效性、一致性和适应性。

在技术溢出效应系统动力学模型的仿真运算中，本书选择文塔纳系统公司（Ventana Systems Inc）开发的系统仿真软件 Vensim PLE（学术版本，非商用版本）编写仿真程序。以检验技术溢出效应系统动力学模型的有效性为目的，输入变量初始值

< INITIAL TIME = 0 >

< > FINAL TIME = 20 >

< TIME STEP = 1 >

< UNITS FOR TIME = Year >，

仿真运算结果如图 6 - 1 所示。

在图 6 - 1 中，横轴均表示时间，即模拟的时间跨度 20 年，纵轴分别为不同变量的量度，单位为 1，仅代表各个变量的发展水平（以下各模拟图同义）。根据第 1 年至第 10 年技术溢出效应与三个水平变量的变化情况（见图

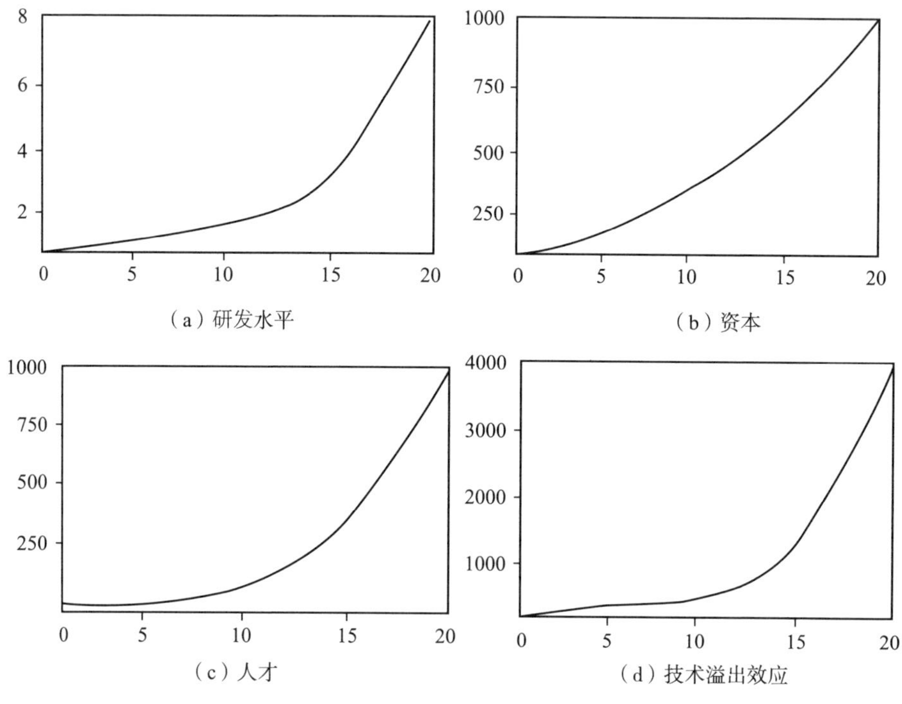

图6-1　不同时期技术溢出效应变动趋势

6-1)，地区总产量递增，增长速度不断提高说明技术溢出效应随时间呈现出逐年放大的趋势。对实际技术溢出系统有较好的拟合，对比仿真结果可以看出：

研发水平和人才呈稳步递增趋势，总体上人才交流的速度要高于技术水平的提高速度，前几年研发水平进步率较低，经过一定阶段积累技术水平的提升才比较明显。关联产业间技术溢出初期，政策方面的优势没有完全发挥，资金积累速度相对较慢，随着政府政策与市场条件的改善，大量资金迅速流入技术溢出链条，而后由于投资吸引力下降，资金增长进入平台期。尽管曲线斜率呈递增趋势，但技术溢出效应在前10年都保持在低水平，突破技术、人才和资金的瓶颈之后，技术溢出效应开始凸现，渐渐步入良性发展的轨道。

由于模型从1999年开始模拟，时间跨度从初始时间到最后一次（initial time to final time）为20年，可以看出前10年的模拟结果是从1999~2008年的，这是可以通过实际结果比对的。对长三角地区的近十年关联产业间技术溢出情况进行比对，自 1998 年亚洲金融危机的影响逐渐消散后，长三角区域经济发展的内外部环境、宏观与微观环境发生了变化，技术溢出区域开始呈现破解盘局状态，长三角区域对人才、技术资金等生产要素具有很强的吸引力，从而逐渐成为人口流动、资金融通、技术交易、商品流通和中枢管理等经济活动的高度技术溢出地，通过要素优势组合，长三角已经初步形成人才模块、技术模块和资金模块的交会与溢出，产业群落、企业群落和市场群落相互作用。1999 ~2008 年，长三角的产业分工体系初步形成，形成了若干各有特色的经济区，关联产业间的技术溢出效应也随着产业技术溢出的出现而增强，以上海为区域中心，形成了以金融、证券、信息为代表的高层次服务业，以汽车、电子、生物工程为代表的新兴工业技术溢出效应。南翼的“宁镇杭”通过深水港和主支线港的辐射带动，微电子、化工、汽车和钢材等技术溢出带的形成迅速带动了该地区的经济发展，北翼的“苏锡常”表现尤为突出，该产业区域以占江苏省 17.07% 面积，贡献了 30% 以上的江苏省经济总量和消费总量，尤其是其为江苏省创造了 67.92% 的实际利用外资额和 58.81% 的外贸出口额，堪称技术溢出效应的典范。

与现实情况进行比对后，通过模型有效性分析，说明本书所建立的系统动力学模型有较强的表达和识别不同时期技术溢出效应变化特征的能力，与现实中技术溢出各个阶段表现出来的特征基本相符，能够据此判断技术溢出的发展阶段和所处状态，也能够给出一些具有参考意义的信息。当然也可以把前面设计的四个典型时间点进一步细分，设计更多的初始状态并模拟出更多组合数据，但其检验结论相同。

6.2.3 系统动力学模拟分析

系统动力学模型模拟关联产业间技术溢出的应用性主要体现在两方面：一是对技术溢出发展阶段的考察，可通过历史统计数据得到具体参数值后，了解技术溢出效应发挥的实际情况；二是分析变量在技术溢出效应形成中的敏感性，通过在不同时间段设计不同强度大小的几组政策变量组合，将其与初值一起进行模拟，根据所得结果比较技术溢出效应的变化情况，其中结果较好一组所对应的政策变量组合为推荐的政策选择，政策制定者可据此调整政府政策。

对上述第一点，在进行有效性分析后，不断修改模拟方程中的初值，得到不同的仿真模拟结果，图 6 –2 是在大量实验的基础上得出的认为较合理的模型，该仿真结果不仅与有效性检验的仿真结果较为相似，同时对于敏感性分析的仿真结果也较为合理，该仿真结果可以认为有效合理地模拟了长三角区域关联产业间技术溢出的进行过程。

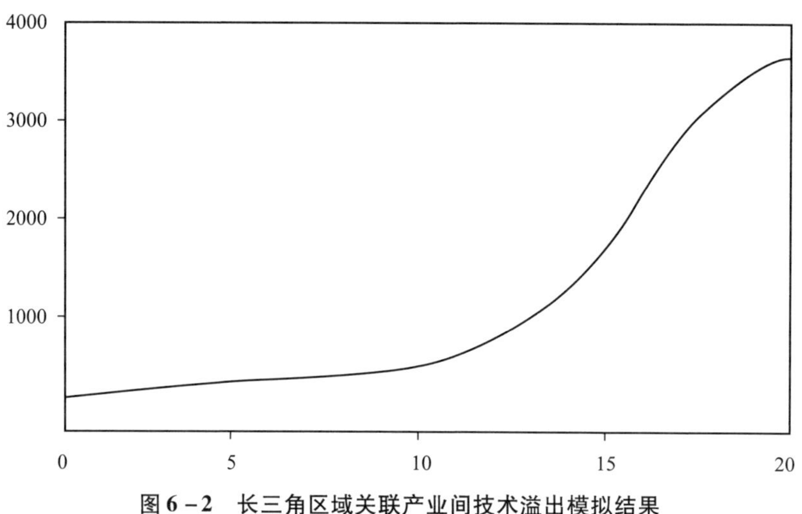

图 6 –2　长三角区域关联产业间技术溢出模拟结果

对于 1999 ~2008 年，将长三角区域技术溢出效应的测度结果与模拟结果进行比对分析，如图 6 –3 所示。图 6 –3 中模拟曲线是由交点左侧上面的曲线和交点右侧下面的曲线连接而成；图中另一曲线则是实际的技术溢出结果，是主要依据以往工作经验的结果，以费德（Feder）技术外溢模型指数的计算结果得到的。通过图 6 –3 可以看出，尽管这两条曲线有些微小的出入，但两线的走势大致相同，模拟曲线在 2002 年突破瓶颈后进入 S 形曲线的高速发展阶段，技术溢出出现端倪，呈现出 J 形发展的态势。实际计算结果曲线同样是在 2002 年突破了发展瓶颈，但其呈现出来的是 J 形发展。由此可以推断 1999 ~2008 年间两线的走势基本相同，均是在 2002 年突破发展瓶颈，模拟结果自此昭示技术溢出走向 S 形曲线中的高速发展阶段，而实际结果显示走向 J 形发展，根据曲线走势判断，在 10 ~ 20 年间的曲线走势基本上可以重合，模拟结果可以有效实时反映长三角区域技术溢出的走势。

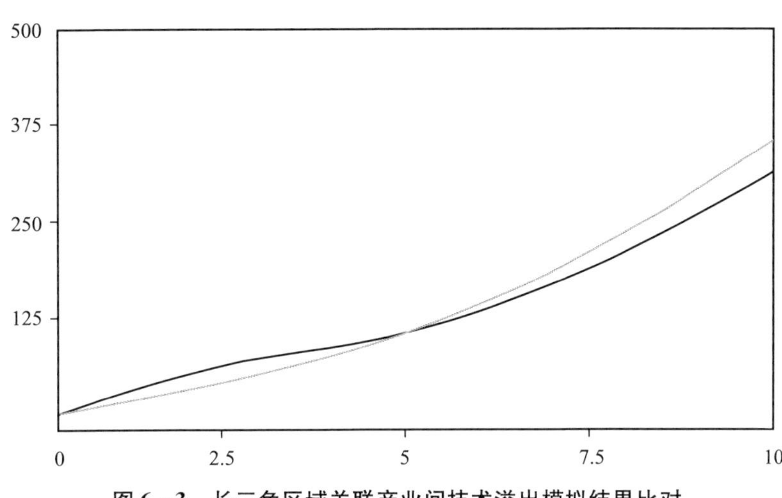

图 6－3　长三角区域关联产业间技术溢出模拟结果比对

对于 2008～2017 年，受 2008 年突发的全球金融危机影响，以三来一补加工为主的长三角区域经济受到了重创，浙江省和江苏省的地区生产总值（GDP）月增长率一度降低到 0，部分月份甚至有所回落。鉴于本书的主体工作完成在 2008 年，当时并未有 2008 年相关经济数据的统计，为了比对模型，在下一节中，本书假设了对 2008 年预测结果的检测。而 2009～2017 年因为没有实际数据的参考，国内学者对长三角区域技术溢出的预测几近于无，没有办法进行有效比对。

对上述第二点，系统动力学模型中的变量主要分为流率变量、辅助变量及常量等几类，模型的运行依赖变量随着时间变化。而模型中所谓的常量只不过是研究者为了简化起见，在不影响模型运行效果和准确度的情况下，合理地对实际中的变量进行抽象、概括的结果。而实际上，由于常量也是随时间和环境而变化的，但上述模型并没有考虑到这种变化，为了得到在某种特定政策下所有可能的结果，对常量进行敏感性分析是必要的，敏感性分析有着特别重要的意义。

将资金、技术、人才等数据作为模拟初始值，降低政府政策对区域经济的限制，得到第一组模拟值，在此基础上进一步改善市场条件，得到第二组模拟值，以检验变量的敏感性。图 6－4 表明了技术溢出效应的变化情况，虚线、点线和点划线分别代表三组模拟值。

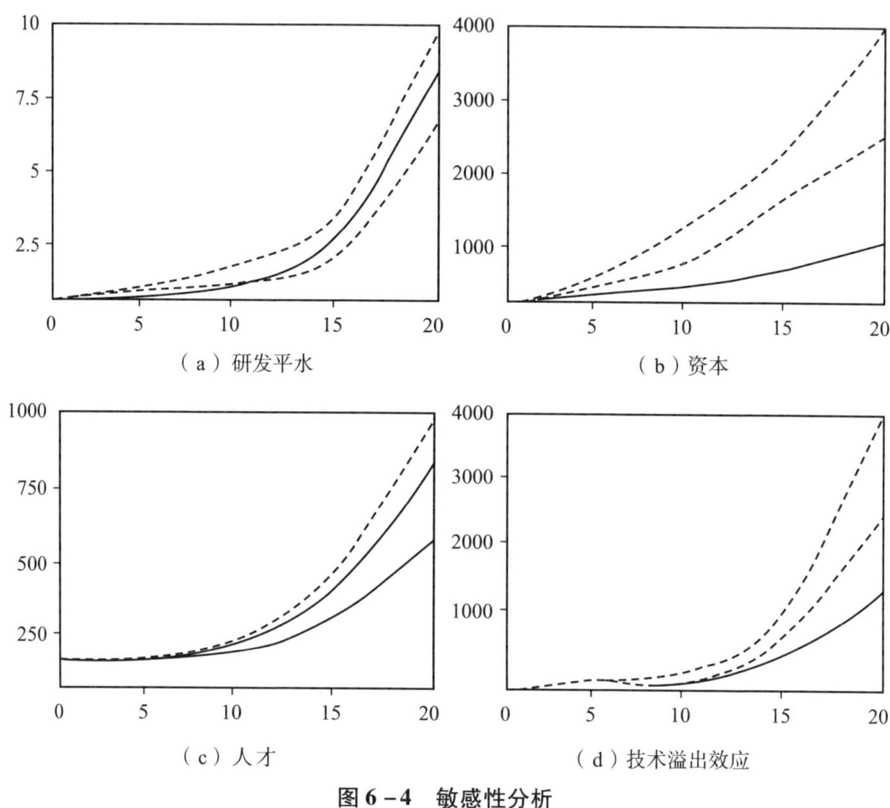

图 6－4　敏感性分析

由图 6－4 可知，政府政策限制的减少有利于资金注入、促进研发水平的提高，只是人才总量没有发生太大变化，技术溢出效应有一定幅度的提升；同时，市场条件的完善将使资金存量显著增加，而对技术和人才的影响较小，技术溢出效应进一步得到发挥。因此，政府政策和市场条件的调整会给技术溢出效应带来显著变化，技术溢出效应对二者的敏感性较强。

结果表明，本书所建立模型对技术溢出发展过程具有较高的拟合程度，能够对技术溢出效应进行分析预测，并为区域经济管理提供有效的决策支持，也说明从系统动力学角度研究技术溢出效应的可行性。此外，实践中影响技术溢出效应发挥的因素异常复杂，本书构建的系统动力学模型仅考虑了其中的主要因素，若更大范围地选取变量，并利用具体地技术溢出发展的统计数据进行模拟，则仿真结果可能更加接近实际。

6.3 长三角区域的系统动力学预测

由于本书主体工作完成于 2008 年，当时并未有 2008 年的相应统计数据，为了使模型更有说服力，本书将 2008 ~ 2017 年的预测结果重新分为两段，加入 2008 年的预测与实际比对分析，对 2009 ~ 2017 年的长三角区域技术溢出进行预测分析。

对于 2008 年，为了更有说服力，将模型初值进行重新调整，以 2008 年的模拟结果为 2008 年的时滞方程初值，同时对时滞 step 进行调整，以月份为单位进行模拟，其他初值不变。

< INITIAL TIME = 0 >

< >FINAL TIME = 12 >

< TIME STEP = 1 >

< UNITS FOR TIME = Month >

仿真结果如图 6 – 5 所示（横轴表示时间跨度，单位为月份；纵轴为技术溢出效应水平，单位为 1；以下模拟图同义），模拟仿真曲线是交点左侧下面的曲线和交点右侧上面的曲线连接而成的；图中的另一条曲线则为实际技术溢出曲线。由此可以看出，在 2008 年的前 9 个月，由于经济危机的影响并没有凸现，所以预测结果与实际情况基本上一致，部分时间甚至重合，由此可以看出，正常条件下仿真模型是可以正确预测长三角区域关联产业间技术溢出的过程。但是自 9 月份以后，突发而至的金融危机迅速影响到了长三角区域，外贸依存度过高的长三角区域受到了极大影响，很多企业在完成前三个季度的订单后，很难拿到第四季度的订单，于是很多企业停产裁员，整个长三角区域陷入了人员流失、资金外逃、技术中心转移的局面，因此该地区的技术溢出效应停滞，实际结果曲线准确地描述了该技术溢出走势，但是仿真结果中的曲线却依然上扬。

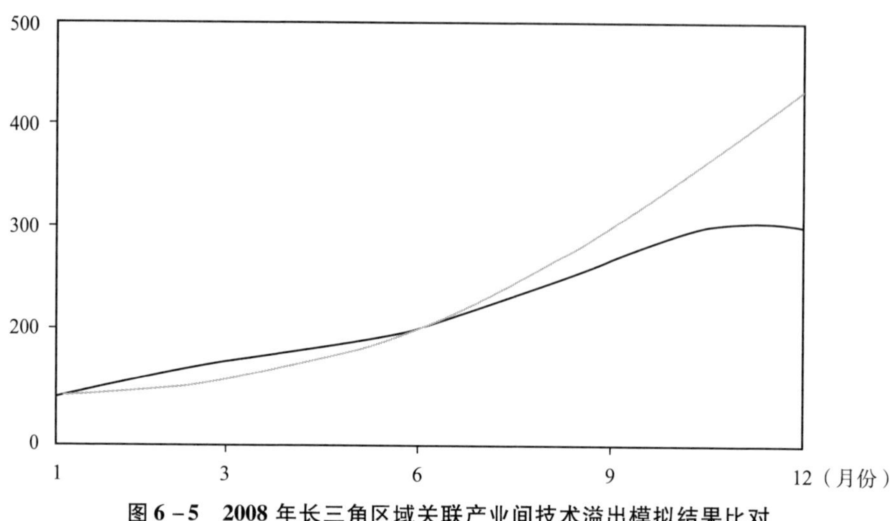

图 6－5　2008 年长三角区域关联产业间技术溢出模拟结果比对

通过对 2008 年四个季度的模拟与实际结果曲线的分析，可以得出本书所建立的仿真模型可以很好地刻画正常经济走势下的关联产业间技术溢出状态，但是对于突发事件的影响，由于模型中并没有突发事件模块，而且即使有，也很难进行赋值计算，所以仿真模型很难模拟预测突发事件影响下的关联产业间技术溢出过程。

对于 2009～2017 年，根据仿真模型，将模型初值进行调整，以 2008 年的实际结果为 2009 年的时滞方程初值，而不是以 2008 年的模拟结果作为初值，这将形成与图 6－2 不同的模拟预测结果，时滞 step 以年为单位进行模拟，其他初值保持不变。

仿真结果如图 6－6 所示，可以看出自 2008 年以后，由于金融危机的时滞效应，在 2009～2011 年并未出现如同图 6－2 所示的 S 形曲线的高速发展阶段，而是出现了短期的停滞。此时尽管技术溢出效应发挥很缓慢，但是仍是向上发展，而后 4～6 年并没有出现 S 形曲线上的突破点，可以断定该阶段的模拟并不是新的曲线，而是 S 形曲线的变形，在高速发展阶段的短期停滞是突发事件的时滞影响，因此，仿真模型仍然具有可信性，并没有丧失高拟合度。

在仿真的后 2 年，仿真结果显示长三角区域的技术溢出已经进行到了 S 形曲线的放平阶段，技术溢出效应缓慢增长，即将触顶，而后技术溢出将在

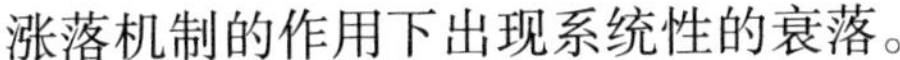
涨落机制的作用下出现系统性的衰落。

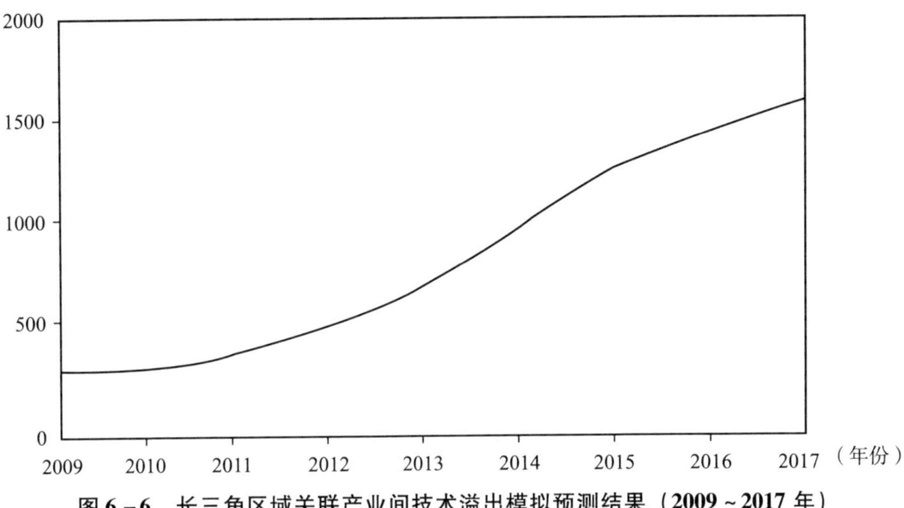

图 6－6　长三角区域关联产业间技术溢出模拟预测结果（2009～2017 年）

6.4　不同路径下提升策略分析

6.4.1　人力路径下的现存问题

事实上，对于区域内产业之间的技术溢出效应及各产业的技术吸收能力来说，人力资本存量都是极为重要的，并且日益为人们所重视。

就大中型企业而言，长三角地区电子及通信设备制造业、纺织业、食品加工业、皮革毛皮羽绒及其制造业、塑料制品业和交通运输设备制造业从业人员中从事科技活动的人员比重分别为：3.5%、1.1%、1.9%、0.4%、1.8%、1.7%；从事研发活动的科学家、工程师数占从业人数的比重分别为：2.4%、0.4%、1.2%、0.2%、1.5%、1.3%。

近年来，长三角地区总体人力资本存量水平有了较大提高，但仍然存在许多问题：①人力资本总量不足，缺乏高层次的科研创新人才；②技术人员较少，技术等级和学历不高；③人才流动不合理；④提高技术人员水平的途径少，培育人力资本的外部环境有待提高；⑤企业对人力资本的投入不足。

可以说，人力资本问题已经成为阻碍长三角地区工业产业技术溢出与技术消化吸收的“瓶颈”，是技术创新、技术进步及经济发展所亟待解决的问题之一。

6.4.2 资本路径下的现存问题

由于资金是逐渐积累的，产业接受和吸收的资金大都与其原来的经营状况相关。由初始资金所决定的企业经营规模一方面直接决定了产业自身的资金吸收能力，另一方面将影响其吸收新资金的态度。同时，也可使产业对未来经济发展状况及资金的未来使用做出合理的判断，从而促使产业资本吸收和使用进入良性循环。

对长三角来说，因为以中小企业为主，拥有雄厚资本的企业比例较低，因此其发展道路上的一些问题，导致了总体上企业吸收资本能力不强的现状。例如，所研究产业中的食品加工业、纺织业、皮革毛皮羽绒及其制造业，它们的原有资本水平都比较低，且吸收新资金能力速度缓慢，原有的经济底子薄、资金积累水平低、资金匮乏，决定了其只能在较低的经济基础和技术水平上徘徊、发展。

因此，各个产业只有首先改善产业现有资本经营状况，从而提高吸收新资金的能力、提高资金使用效率，才能逐步获得优势。

6.4.3 研发路径下的现存问题

研发路径下突显的问题是：研发资金投入相对较少，支出结构不合理。

虽然近几年长三角研发经费保持了较高幅度的增长，但相对投入仍然较少。2007 年，电子及通信设备制造业、纺织业、食品加工业、皮革毛皮羽绒及其制造业、塑料制品业、交通运输设备制造业的研发投入分别为：28643 万元、3584 万元、522 万元、1629 万元、2529 万元、5124 万元，研发经费占产品销售收入的比例则分别为：0.4%、0.2%、0.04%、0.1%、0.2%、0.3%。

按目前国际惯例，企业要保持生存，其研发费用必须占到企业销售收入的 2% 左右；要保持领先优势，研发费用必须达到其销售收入的 5% 以上，世界 500 强大多在 5% ~10% 之间。由此比较，整个长三角地区在这方面的投入严重不足，这也是今后应该力争解决的瓶颈问题之一。此外，在研发投入方面，还存在着研发经费支出中企业支出不占主导地位和企业内部支出不合理的问题，研发经费中，大部分用于技术引进和改造，用于技术消化吸收的资金只占小部分。这些都极大地影响和限制了制造业的技术扩散溢出与消化吸收。

6.4.4 技术溢出效应提升策略

引进技术能否在所处的环境中尽快产生溢出效应，关键要看产业或者说企业自身的技术能力，看它是否能迅速地模仿、消化、吸收，并在此基础上创新，形成对技术溢出方的竞争压力，并促使溢出方转让更先进的技术，从而造成新一轮的技术溢出。因此，技术能力越强，技术差距越小，溢出效应越大越快。这里的技术能力指消化、吸收引进技术的能力和再创新的组织实施能力，它是接受技术溢出的直接能力。

事实上，不论在技术溢出还是在技术吸收上，人力资本的作用都是至关重要的。人才不但是知识和技术的最终载体，优秀人才的创新意识与创新精神，更是经济发展和整个社会进步的重要推动力。

加入世界贸易组织对有些行业的冲击是显而易见的，但最大的、隐性的冲击是对人才的冲击。加入世界贸易组织固然能解决国内改革和发展动力不足的问题，但由于外资大规模涌进而出现的新一轮人才争夺战，民族企业面临着又一次大面积人才流失的危机。人才的市场化根除了人才的垄断性，因此，加入世界贸易组织后，如何使我国的民族企业在冲击中抓住机遇，避免在竞争中丧失主导地位，树立"以人为本"的思想，加强人才的战略管理，制定新世纪人才战略，成了亟待解决的问题。

就长三角地区而言，一方面，在充分发挥其现有科技人才作用的同时，应大力加强对大中专院校的发展与扶持，以确保经济发展所需要的相当数量和质量的人才的内部供给，并把培养研究型人才和培养应用型人才结合起来，确立一个比较合理的比例关系；另一方面，应制定相关的吸引人才的优惠政策，深化科技制度、分配制度、创新奖励机制等改革，创造人才流入的良好环境，多方面、多渠道地引进所需人才，为我所用，力争形成“吸引—发展—再吸引—再发展”的人才良性循环，最终营造出全社会“尊重知识、尊重人才、鼓励创新”的社会环境。

首先，应改善其大中型企业目前普遍存在生产设备老化、生产流程僵化的局面，不断加大对产业现有技术水平的提高力度，从而为技术能力的提高奠定必要的硬件基础。

其次，目前研发经费总体水平较低，且大部分用于技术引进和改造，用于技术消化吸收的资金较少。应继续加大技术研究开发的研发经费投入，并适当调整技术改造和吸收的资金投入的比重，逐步使本省技术开发经费支出结构趋于合理化。

再次，大力培养和吸引具有较强科研与进取精神的专门技术人员和经验丰富的管理人员，为其提供良好的工作环境，促使企业内组成跨部门学习团队，推进知识和技术在组织内扩散溢出与分享，以增加企业知识和技术的存量与广度，从而在软件上为提高技术能力奠定必要的基础。

最后，培育一批新兴的高新技术产业集群，集中力量，重点扶持、扩大主导产业的集群规模，更好地发挥“集聚效应”，使其对工业发展起到示范带头作用，最大限度发挥产业集群对于技术扩散溢出与消化吸收的特有作用，最终形成技术进步与经济发展的良性循环。

总之，政府部门应大力完善有利于技术引进、消化和吸收的各项政策，并将现有政策落实到位。采取自主创新的策略，为技术发展设定比较高的标杆，以增加企业必须学习新知识，引进和吸收新技术的强度。此外，还可以采取“胡萝卜加大棒”的策略，提高技术的奖励门槛，以优惠措施扩大对技术领先者的奖励，加强企业必须积极提升技术能力的动机。

6.5 本章小结

本章对关联产业间技术溢出的系统动力学模型进行了应用研究，考虑到数据的可得性和技术溢出区域的框架性，选取了长三角区域进行应用研究。

首先，界定了长三角技术溢出区域的范围，对仿真模型中相关数据的获取及处理方法进行了解释。然后，将本书的系统动力学仿真模型应用到长三角区域，对仿真模型的应用型检验和敏感度分析后，模拟分析了长三角区域技术溢出的进行过程。最后，根据模拟结果对长三角技术溢出区域进行了预测分析，并对不同路径进行分析，找出现存问题，提出应对策略。

结　　论

关联产业间技术溢出是国际技术扩散和地区经济增长的重要构成形式，对这一前沿课题的研究，不仅对丰富和发展现有技术经济和区域经济理论具有重要的理论意义，而且可以为我国区域经济决策和政策的制定提供科学的决策依据。本书以技术经济学、区域经济学、系统动力学和灰色关联等相关理论为研究基础，将关联产业间技术溢出视为一个系统的过程，采用系统动力学和结构方程对关联产业间技术溢出进行系统过程、结构分析和实证研究。通过研究得到的结论和创新之处主要表现在：

（1）基于协同竞争、专业分工和模块化三个维度，系统分析了关联产业间技术溢出从微观主体到溢出整体结构性的演进机理。在结合自组织的协同竞争特性，分析关联产业间技术溢出从微观单位到宏观整体涌现的渐进过程的基础上，从专业化分工角度分析了技术溢出过程分工不同状态，由此讨论专业化分工与关联产业间技术溢出相互促进和彼此共存的特征。在此基础上进一步采用博弈模型来分析关联产业间技术溢出的高级形态——模块化技术溢出，逐次分析了模块化分工的出现到不同企业价值模块在共同界面标准内交叉连接，到整体结构行为关系呈现出新模块特征的关联产业间技术溢出机理。

（2）基于系统动力学模型完成关联产业间技术溢出的系统过程分析，从系统的维度定量描述各个要素对技术溢出的作用机理和过程。首先通过对关联产业间技术溢出单一识别判定方法的非变权组合，建立了综合识别模型。然后基于系统动力学在处理高阶次的、非线性的、多重反馈的复杂系统问题上的优势，结合其结构——功能模拟的特点建立了关联产业间技术溢出演化的系统动力学分析框架，在人才、技术、资金 3 个子模块中，选择了 6 个随时间变化的速率变量和 14 个辅助变量，确定影响关联产业间技术溢出演化的因素“流”的因果关系回路。通过给定的参数值，讨论关联产业间技术溢出演化的系统动力学模拟模型在应用过程中的初始条件。模型可以有效地分析人才、资本及技术水平 3 个因素在关联产业间技术溢出演化中的作用。

（3）基于结构方程模型完成关联产业间技术溢出的系统结构分析，从结构的维度定量描述各个要素之间的影响程度及其对整体技术溢出的影响。首先，通过结构方程的适应性分析确定结构方程描述问题的可靠性与有效性，通过灰色聚类方法，在指标体系建立原则指导下通过弱化人为权重影响，择优选出影响因素最优指标体系；其次，通过主成分分析和解释方差等结构方程步骤建立关联产业间技术溢出系统结构方程模型，通过增加减少隐变量，对比不同结构方程模型对系统的刻画程度；最后，确认含有技术溢出效应隐变量的结构方程模型最能完整刻画关联产业间技术溢出的系统结构。

（4）以长三角地区制造业及其子产业为研究对象，对关联产业间技术溢出识别模型、系统过程分析和系统结构分析等进行了实证分析。选取长三角地区 1999 ~2008 年的数据，通过系统动力学模拟，发现 1999 ~ 2008 年实际的技术溢出结果与模拟结果尽管有些微小的出入，但是走势大致相同，在 2002 年突破瓶颈后进入到 S 形曲线的高速发展阶段，技术溢出出现端倪，呈现出 J 形发展的态势。对于 2008 ~2017 年，受 2008 年突发而至的全球金融危机影响，以“三来一补”加工为主的长三角区域经济受到了重创，由于金融危机的时滞效应，在 2009 ~2011 年并未出现 S 形曲线的高速发展阶段，而是出现了短期的停滞。此时尽管技术溢出效应发挥很缓慢，但是仍是向上发展，而后是 4 ~6 年并没有出现 S 形曲线上的突破点。

（5）尽管本书建立了分析关联产业间技术溢出演化的系统分析框架，但是仍需在关联产业间技术溢出演化机理方面进一步深入研究。关联产业间技术溢出的演化机理是一个复杂的系统作用过程，本书建立了相对完善的分析框架，从系统视角对其进行解构分析，但是在分析过程从内部视角切入的较多，外部视角相对弱一些，在今后的研究工作中，需要对外部视角下的演化机理工作进行展开和强化。

参考文献

[1] 王缉慈，张晔．沿海地区外向型产业集群的形成、困境摆脱与升级前景．改革，2008（5）：53 -59.

[2] 陈雪梅，陈鹏宇．广东产业集群的形成、发展和升级．宏观经济研究，2004（10）：41 -44.

[3] 王益民，宋锁纹．全球生产网络效应、集群封闭性及升级悖论——基于大陆台商笔记本电脑产业集群的分析．中国工业经济，2007（4）：46 -53.

[4] Paul Romer. Increasing Return and Long-run Growth. Journal of Political Economy, 1986, 95 (5): 1002 -1037.

[5] Andrew J. Nelsona. Measuring Knowledge Spillovers: What Patents, Licenses and Publications Reveal About Innovation Diffusion. Lundquist College of Business. University of Oregon, Eugene, 2009: 107 -145.

[6] Donald MacDougall. The Benefits and Costs of Private Investment from Abroad: A Theoretical Approach, Economic Record, 1960, 36 (73): 13 -35.

[7] Cooden. Foreign Direct Investment and Technology Spillover Evidence from Europe. Journal of Comparative Economics, 1960, 30 (3): 579 -602.

[8] Richard Caves. International Corporations: The Industrial Economics of Foreign Investment. Economica, 1971, 38 (149): 1 -27.

[9] Richard Caves. Multinational Firms, Competition and Productivity in Host - Country Markets. Economica, 1974, 41 (162): 176 -193.

[10] Ronald Findley. Relative Backwardness, Direct Foreign Investment and Transfer of Technology: A Simple Dynamic Model. Quarterly Journal of Economics, 1978, 92 (1): 1 -16.

[11] Stephen Hymer. The International Operations of National Firms: A Study of Direct

Foreign Investment. MIT Press, 1976.

[12] Magnus Blomstrom, Ari Kokko. Foreign Direct Investment and Spillovers of Technology. International Journal of Technology, 2001, 22 (6): 435 –455.

[13] Jorge Katz. Production Functions. Foreign Investment and Growth. Amsterdam: North Holland, 1969.

[14] Hwan-Joo Seoa, Young Soo Lee and Jeong Hun. Does ICT Investment Widen the Growth Gap? Telecommunications Policy, 2009, 33 (8): 422 –431.

[15] Masahiro Nakagawa, Chihiro Watanabe, Charla Griffy – Brown. Changes in the Technology Spillover Structure Due to Economic Paradigm Shifts: A Driver of the Economic Revival in Japan's Material Industry Beyond the Year 2000. Technovation, 2009, 29 (1): 5 –22.

[16] Faith Hatan. The Logic of Spillover Interception: The Impact of Global Supply Chains in China. Journal of world business, 2009, 44 (2): 158 –166.

[17] Tetsunori Koizumi, Kenneth Kopecky. Economic Growth, Capital Movements and the International Transfer of Technical Knowledge. Journal of International Economics, 1977, 7: 45 –65.

[18] Ronald Findley. Relative Backwardness, Direct Foreign Investment and Transfer of Technology: A Simple Dynamic Model, Quarterly Journal of Economics, 1978, 37: 63 –87.

[19] Sanghamitra Das. Externalities and Technology Transfers through Multinational Corporations: A Theoretical Analysis, Journal of International Economics, 1987, 22: 171 –182.

[20] Jian-Ye Wang, Magnus Blomstrom. Foreign Investment and Technology Transfer: A Simple Model. European Economic Review, 1992, 36: 137 –155.

[21] David T. Coe, Elhanan Helpman and Alexander W. Hoffmaister. International R&D Spillovers and Institutions, European Economic Review, 2009, 53: 723 –741.

[22] Maria Luisa Mancusi. International Spillovers and Absorptive Capacity: A Cross-country Cross-sector Analysis Based on Patents and Citations. Journal of International Economics, 2008: 155 –165.

[23] Kenneth J. Arrow. Economic Welefare and the Allocation of Resources Invention in Richard R Nelson, ed. The Rate and Direction of Inventive Activity. Princeton: Princeton University Press, 1962: 609 –634.

[24] Peter Klibanoff, Jonathan Morduch. Decentralization, Externalities and Efficiency. Review of Economic Studies, 1995, 62 (2): 223 –247.

[25] Lee Jonung. Fredrik Sjoholm. Technology Transfer and Spillover: Does local Participation with Multinationals Matter? . European Economic Review, 1995, 43: 915 –923.

[26] Max H Boisot. Is Your Firm a Creative Destroyer? Competitive Learning and Knowledge

Flows in the Technological Strategies of Firms. Research Policy, 1995, 24: 489 - 506.

[27] Sandeep Kapur. Technological Diffusion with Social Learning. The Journal of Industrial Economic, 1995, 43 (2): 173 - 195.

[28] Steffen Ziss. Strategic R&D with Spillovers, Collusion and Welfare. The Journal of Industrial Economics, 1994, 42 (4): 206 - 221.

[29] Philipe Gugler Jorge. H. Dunning. Technology - Based Cross - Border Alliances. Multinational Strategic, International Business Press, 1993: 123 - 159.

[30] Geert Duysters, John Hagedoorn. International Technological Collaboration: Implications for Newly industrializing economies. Technological Learning and Economic Development: The Experience of the Asian Newly Industrialized Countries. Cambridge University Press, 2000: 193 - 215.

[31] John Hagedoorn. Inter-firm R&D Partnerships: An Overview of Major Trends and Patterns Since 1960. Research Policy, 2002, 31 (4): 477 - 492.

[32] Akira Ishii. Cooperative R&D Between Vertically Related Firms with Spillovers. International Journal of Industrial Organization, 2009, 22: 1213 - 1235.

[33] Rabah Amir, Jim Y. Jin and Michael Troege. On Additive Spillovers and Returns to Scale in R&D. International Journal of Industrial Organization, 2008, 26: 695 - 703.

[34] Stephen L. Parante. Technology Adoption, Learning-by - Doing and Economic Growth. Journal of Economic Theory, 1994, 163 (2): 346 - 369.

[35] Massimo G. Colombo, Rocco Mosconi. Complementarity and Cummulative Learning Effects in the Early Diffusion of Multiple Technologies. Journal of Industrial Economics, 1995 (1): 13 - 48.

[36] Peter Gourevitch, Roger Bohn and David McKendrick. Globalization of Production: Insights from the Hard Disk Drive Industry. World Development, 2000, 28: 301 - 317.

[37] Luigi Buzzacchi, Massimo G. Colombo and Sergio Mariotti. Technological Regimes and Innovation in Services: The Case of the Italian Banking Industry. Research Policy, 1995, 24: 151 - 168.

[38] Paul A. Johnson, Lisa N. Takeyama. Initial Conditions and Economic growth in the US States. European Economic Review, 2009, 45: 919 - 927.

[39] Jay Pil Choi. Network Externalities, Compatibility Choice, and Planned Obsolescence. Journal of Industrial Economics, 1994, 42 (2): 167 - 182.

[40] Benjamin Bental, Menahem Spiegel. Network Competition, Product Quality and Market Coverage in the Presence of Network Externalities. The Journal of Industrial Economics, 1995, 18: 197 - 208.

[41] Davide Castellani, Antonello Zanfei. Internationalization, Invocation and Productivity: How do Firms Differ in US. The World Economics, 2007, 138: 605 – 628.

[42] Robin Cowan, Dominique Foray. Quandaries in the Economics of Dual Technologies and Spillovers From Military to Civilian Research and Development. Research Policy, 1995, 24: 851 – 868.

[43] Lamia Ben Hamida, Philippe Gugler. Are there Demonstration-related Spillovers From FDI?: Evidence from Switzerland. International Business Review, 2009, 18 (5): 494 – 508.

[44] Linghui Tang, Peter E. Koveos. Embodied and Disembodied R&D Spillovers To Developed and Developing Countries. International Business Review, 2008, 17 (5): 546 – 558.

[45] 蒋殿春．跨国公司对我国企业研发能力的影响：一个模型分析．南开经济研究，2004 (4): 62 – 66.

[46] 谢建国．市场竞争、东道国引资政策与跨国公司的技术转移．经济研究，2007 (6): 87 – 97.

[47] Richard Caves. Multinational Firms, Competition and Productivity in Host – Country Markets. Economica, 1974, 41 (162): 176 – 193.

[48] Steven Globerman. Foreign Direct Investment and Spillovers Efficiency Benefits in Canadian Manufacturing Industries. Canadian Journal of Economics, 1979, 12 (1): 42 – 56.

[49] Magnus Blostrom, Edward N. Wolff. Multinational Corporations and Productivity Convergence in Mexico Oxford University Press. Oxford, 1994: 162 – 177.

[50] Bin Xu, Jiangyong Lu. Foreign Direct Investment, Processing Trade, And the Sophistication of China's Exports. China Economic Review, 2009, 20 (3): 425 – 439.

[51] Carmen López-Pueyo, Sara Barcenilla-Visús. Jaime Sanaú. International R&D Spillovers and Manufacturing Productivity: A Panel Data Analysis. Structural Change and Economic Dynamics, 2008, 19 (2): 152 – 172.

[52] Feng-bin Lu, Yi Li, Shuan-hong Wang and Shou-yang Wang. Information Spillovers Among International Crude Oil Markets – An Empirical Analysis Based on CCF Method and ECM. Systems Engineering-Theory & Practice, 2008, 28 (3): 25 – 34.

[53] Brian J. Aitken, Ann E. Harrison. Do Domestic Firms Benefit from Direct Foreign Investment? Evidence fromVenezuela. The American Economic Review, 1999, 89 (3): 605 – 619.

[54] Brian J. Aitken, Ann E. Harrison and Robert Lispesy. Spillover, Foreign Investment and Export Behaviors. Journal of International Economics, 1997, 43 (1 – 2): 103 – 132.

[55] Brian J. Aitken, Ann E. Harrison. Do Domestic Firms Benefit from Direct Foreign Investment? Evidence fromVenezuela. The American Economic Review, 1999, 89 (3): 605 – 619.

[56] Mona Haddad, Ann Harrison. Are There Positive Spillovers from Direct Foreign In-

vestment? Evidence from Panel Data for Morocco. Journal of Development Economics, 1993, 42 (1): 51 – 74.

[57] Liu Xiaming, Pamila Siler, Chenqing Wang. Productivity Spillovers from Foreign Direct Investment: Evidence from UK Industry Level Panel Data. Journal of International Business Studies, 2000, 31 (3): 407 – 425.

[58] Ari Kokko. Technology, Market Characteristics, and Spillovers. Journal of Development Economics, 1994, 43 (2): 745 – 749.

[59] Girma Sourafel, Katharine Wakelin. Regional Undevelopment: Is FDI the Solution: A Semi – Paramitric Analysis. University of Nottingharm. GEP Working Paper. 2001.

[60] Liu Zhiqiang. FDI and Technology Spillover Evidence from China. Journal of Comparative Economics, 2002 (30): 579 – 602.

[61] Zheng Wang, Hua-Qun Li, Jing Wu, Yi Gong, Huan – Bo Zhang and Chen Zhao. Policy Modeling on the GDP spillovers of Carbon Abatement Policies Between China and the United States. Economic Modelling, 2010, 27 (1): 40 – 45.

[62] Nigel Driffield, Max Munday. Foreign Manufacturing: Regional Agglomeration and Technical Efficiency Frontier Approach. Regional Studies, 2001, 35 (5): 391 – 399.

[63] Makoto Kinoshita, Noda Makoto, Roles of Septins in Mammalian Cytokinesis Machinery. Cell Struct Funct, 2001, 26 (6): 667 – 670.

[64] Frank Barry, Holger Gorg, Eric Strob, Foreign Direct Investment and Wages in Domestic Firms in Ireland: Productivity Spillovers versus Labour-Market Crowding Out. International Journal of the Economics of Business, 2005, 12 (5): 67 – 84.

[65] Maurice Kugler. Spillover from Foreign Direct Investment: Within or between Industries? Journal of Development Economics, 2006, 80 (2): 444 – 447.

[66] Yi Deng. The Value of Knowledge Spillovers In The U. S. Semiconductor Industry. International Journal of Industrial Organization, 2008, 26 (4): 1044 – 1058.

[67] Mingyong Lai, Hua Wang and Shujin Zhu. Double – Edged Effects of The Technology Gap and Technology Spillovers: Evidence from The Chinese Industrial Sector. China Economic Review, 2009, 20 (3): 414 – 424.

[68] Garrick Blalock, Paul J. Gertler. Welfare Gains from Foreign Direct Investment through Technology Transfer to Local Suppliers. Journal of International Economics, 2008, 74 (2): 402 – 421.

[69] Matija Rojec, Jože P. Damijan. Relocation Via Foreign Direct Investment from Old to New EU Member States: Scale and Structural Dimension of the Process. Structural Change and Economic Dynamics, 2008, 18: 53 – 65.

[70] 秦晓钟，胡志宝．外商对华直接投资技术外溢效应的实证分析．江苏经济探讨，2008（4）：45－48.

[71] 何洁．外国直接投资对中国工业部门外溢效应的进一步精确量化．世界经济，2000（12）：29－36.

[72] 姜瑾，朱桂龙．外商直接投资行业间技术溢出效应实证分析．财经研究，2007，33（1）：112－121.

[73] 杨亚平．FDI技术行业内溢出还是行业间溢出——基于广东工业面板数据的经验分析．中国工业经济，2007（11）：73－79.

[74] 许和连，魏颖绮，赖明勇，王晨刚．外商直接投资的后向链接溢出效应研究，管理世界，2007（4）：24－31.

[75] Beata Smarzynska Javorick，Mariana Spatareanu. To Share or Not to Share：Does Local Participation Matter for Spillovers from Foreign Direct investment? Journal of Development Economics，2008，85（1－2）：194－217.

[76] Marian Leimbach，Ottmar Edenhofer. Technological Spillovers within Multi-region Models：Intertemporal Optimization Beyond the Negishi Approach. Economic Modelling，2007，24：272－294.

[77] Warren G. Dean，Robert W. Faff and Geoffrey F. Asymmetry in Return and Volatility Spillover between Equity and Bond Markets in Australia. Pacific－Basin Finance Journal，2010，18（3）：272－289.

[78] A. Kokko and M. C. Zejan，Productivity Spillovers from FDI in the Uruguayan Manufacturing Sector [J]. Journal of Development Studies. 1996，32（4）：602－611.

[79] Rajneesh Narula，Katharine Wakelin. Technological Competitiveness，Trade and Foreign Direct Investment. Structural Change and Economic Dynamics，1998，9：373－387.

[80] Yasuyuki Todo，Weiying Zhang and Li－An Zhou. Knowledge Spillovers from FDI in China：The Role of Educated Labor in Multinational Enterprises. Journal of Asian Economics，2009，20（6）：626－639.

[81] Lamia Ben Hamida，Philippe Gugler. Are there Demonstration－Related Spillovers from FDI?：Evidence from Switzerland. International Business Review，2009，18：494－508.

[82] Rabah Amir，Jim Y. Jin and Michael Troege. On Additive Spillovers and Returns to Scale in R&D. International Journal of Industrial Organization，2008，26（3）：695－703.

[83] 赵保国．跨国公司技术溢出影响因素实证研究．中央财经大学学报，2007（8）：68－73.

[84] 张诚，张艳蕾，张健敏．跨国公司的技术溢出效应及其制约因素．南开经济研究，2001（3）：45－49.

［85］姚利民，唐春宇．独资与合资方式的技术溢出效果比较．国际贸易问题，2005（10）：79－83.

［86］范陈泽，高山行．跨国公司中的技术溢出效应述评．科学学与科学技术管理，2003（11）：64－67.

［87］陈涛涛．中国 FDI 行业内溢出效应的内在机制研究．世界经济，2003（4）：125－128.

［88］冼国明，严兵．FDI 对中国创新能力的溢出效应．世界经济，2005（9）：117－121.

［89］孟亮，宣国良，王洪庆．国外 FDI 技术溢出效应实证研究综述．外国经济与管理，2004（7）：76－80.

［90］周燕，齐中英．基于行业特征的外商直接投资溢出效应分析．中国软科学，2005（4）：115－117.

［91］祝洪章，张林佳．黑龙江省对俄跨境产业体系发展对策研究——基于中俄边区国家战略互动视角．经济科学出版社，2019：4.

［92］Andrea Ginzburg，Annamaria Simonazzi Baldwin，Clark. Patterns of Industrialization and the Flying Geese Model：the Case of Electronics in East Asia. Journal of Asian Economics，2005（15）：1051－1078.

［93］Neil J. Smelster，Paul B. Baltes. International Encyclopedia of the Social & Behavioral Sciences. Oxford University Press，2006：9270－9276.

［94］Hermann Haken. The Paradigm of International Production. Journal of International Business Studies，2008（9）：1－31.

［95］Ilya Prigogine. Chaotic Dynamics and Transport in Fluids and Plasmas：Research Trends in Physics Series. New York：American Institute of Physics，1993：76－78.

［96］Edward B Roberts. Managerial Applications of System Dynamics. Cambridge Press，1978：194－203.

［97］Kim Warren. Improving Strategic Management With the Fundamental Principles of System Dynamics. System Dynamics Review，2005，21（4）：329－350.

［98］Shivraj Kanungo. Using System Dynamics to Operationalize Process Theory in Information Systems Research. Proceedings of the 24th International Conference on Information Systems. Seattle，WA，2003：450－463.

［99］Michael Kennedy. The Role of System Dynamics Models in Improving the IS Investment Appraisal. Proceedings of the 19th International Conference of the System Dynamics Society. Atlanta，GA，2007：1423－1428.

［100］Ashish Agarwal，Ravi Shankar，Purmendu Mandal. Effectiveness of Information Systems in Supply Chain Performance：A System Dynamics Study. International Journal of Information

Systems and Change Management, 2006 (3): 241 – 261.

[101] Wendy L. Currie, Philip Joyce and Graham Winch. Evaluating Application Service Provisioning Using System Dynamics Methodology. British Journal of Management, 2007, 18 (2): 172 – 191.

[102] Balaji Janamanchi, James R. Burns. Reducing Bullwhip Oscillation in a Supply Chain: a System Dynamics Model – based Study. International Journal of Information Systems and Change Management, 2007, 2 (4): 350 – 371.

[103] Vedat G. Diker. Building a Theory of Open Online Collaboration using System Dynamics. Proceedings of the 21st International Conference of the System Dynamics Society, New York, 2003: 934 – 945.

[104] 福瑞斯特．系统学原理．杨通宜，译．上海工业大学出版社，1993：78 – 83.

[105] 王其藩．高级系统动力学．清华大学出版社，2005：187 – 193.

附　　录

附表 1　　产出原始数据　　单位：亿元

产业	1999 年	2000 年	2001 年	2002 年	2003 年	2004 年	2005 年	2006 年	2007 年	2008 年
食品加工业	526.07	546.34	534.60	563.08	615.50	645.96	755.30	864.21	1073.39	1254.60
食品制造业	261.50	277.99	240.32	253.37	288.94	318.21	368.70	433.02	486.89	574.02
饮料制造业	229.57	275.65	297.00	306.20	320.02	352.78	405.86	451.80	466.55	545.53
烟草加工业	98.48	119.26	146.47	163.72	187.42	282.74	355.48	403.81	514.18	518.23
纺织业	2008.53	1946.44	1847.96	2043.87	2267.29	2562.93	3091.90	3875.32	4826.99	6248.41
服装及其他纤维制品制造业	714.10	722.22	748.03	823.75	1000.25	1171.29	1412.46	1659.99	1901.75	2348.51
皮革、毛皮、羽绒及其制品业	317.96	327.63	319.18	318.39	405.70	511.99	682.81	856.03	1037.64	1192.48
木材加工及竹、藤、棕、草制品业	100.02	126.47	132.31	188.66	226.43	248.94	278.14	339.50	402.58	563.89
家具制造业	56.85	65.47	69.72	77.16	89.87	107.87	135.34	184.35	254.47	438.98
造纸及纸制品业	199.01	230.57	261.42	315.52	410.60	480.86	591.57	696.42	851.77	1091.61
印刷业，记录媒介的复制	118.72	129.12	125.17	140.04	160.57	178.44	208.95	283.67	334.04	390.88
文教体育用品制造业	170.36	194.43	212.69	218.66	244.78	281.39	353.71	403.68	508.60	620.70
石油加工及炼焦业	326.98	395.03	410.44	478.48	730.49	861.08	858.44	1171.61	1607.32	2146.44
化学原料及化学制品制造业	1215.02	1272.08	1335.98	1471.55	1791.37	1971.38	2398.41	2903.99	3845.19	5473.44
医药制造业	260.44	277.45	338.69	346.93	425.56	497.06	596.40	758.42	887.82	1091.84

续表

产业	1999 年	2000 年	2001 年	2002 年	2003 年	2004 年	2005 年	2006 年	2007 年	2008 年
化学纤维制造业	421. 27	430. 11	407. 76	504. 23	686. 45	514. 11	627. 66	853. 01	1300. 05	1774. 96
橡胶制品业	197. 94	206. 20	202. 32	194. 84	209. 28	204. 83	266. 37	353. 76	463. 89	635. 22
塑料制品业	414. 58	444. 27	483. 46	546. 33	641. 86	712. 01	895. 13	1125. 49	1424. 05	1879. 99
非金属矿物制品业	722. 23	703. 92	574. 62	619. 69	714. 77	808. 62	969. 74	1129. 04	1489. 69	1817. 32
黑色金属冶炼及压延加工业	901. 31	920. 81	930. 41	954. 64	1173. 90	1421. 07	1492. 88	2288. 18	3570. 11	4986. 71
有色金属冶炼及压延加工业	327. 30	297. 04	310. 13	341. 81	435. 02	489. 15	582. 34	809. 24	1245. 99	1821. 56
金属制品业	617. 89	635. 65	708. 22	773. 33	916. 61	996. 11	1270. 76	1637. 73	2263. 94	2643. 13
普通机械制造业	1010. 87	1040. 96	1082. 30	1166. 00	1363. 91	1566. 12	2006. 84	2707. 76	3699. 26	4692. 18
专用设备制造业	601. 57	585. 38	530. 72	565. 87	652. 24	737. 76	946. 49	1142. 26	1459. 34	1784. 54
交通运输设备制造业	1102. 09	1171. 89	1206. 83	1380. 76	1552. 06	1767. 70	2390. 37	3282. 07	3653. 63	4036. 28
电气机械及器材制造业	1104. 22	1165. 64	1225. 51	1324. 38	1604. 09	1791. 75	2212. 95	2840. 30	3837. 96	4936. 50
电子及通信设备制造业	771. 95	981. 62	1244. 67	1441. 50	1975. 37	2380. 79	3014. 14	5206. 52	7848. 93	9771. 29
仪器仪表及文化、办公用机械制造业	179. 78	204. 34	214. 72	243. 36	316. 09	322. 80	364. 91	529. 14	691. 91	1036. 00

资料来源：《中国城市统计年鉴（2009）》。

附表 2

资本原始样本

单位：亿元

产业	1999 年	2000 年	2001 年	2002 年	2003 年	2004 年	2005 年	2006 年	2007 年	2008 年
食品加工业	119.86	143.30	153.88	165.00	158.02	150.71	154.22	161.80	164.98	204.94
食品制造业	100.94	132.48	125.54	134.73	124.58	122.48	127.71	136.46	155.83	169.76
饮料制造业	98.61	111.49	143.50	161.93	164.37	167.18	175.68	184.52	172.99	181.48
烟草加工业	106.49	33.18	42.76	55.05	65.52	63.10	76.46	80.51	84.52	84.09
纺织业	716.18	788.93	864.43	892.33	878.69	893.40	1019.45	1228.75	1444.95	1670.42
服装及其他纤维制品制造业	148.15	163.04	173.10	187.91	195.93	221.43	250.17	290.24	346.88	398.38
皮革、毛皮、羽绒及其制品业	56.62	64.52	65.68	66.24	74.94	71.81	88.61	103.73	133.74	156.11
木材加工及竹、藤、棕、草制品业	34.15	36.97	47.85	56.78	64.01	72.94	74.72	79.48	93.74	120.86
家具制造业	15.48	22.49	24.48	25.26	26.56	27.42	35.40	48.82	64.54	92.27
造纸及纸制品业	74.52	124.79	187.86	221.12	316.11	351.08	391.69	413.70	466.78	608.95
印刷业，记录媒介的复制	49.13	55.77	68.40	73.59	82.31	90.24	99.40	133.25	151.97	182.06
文教体育用品制造业	35.61	39.08	47.08	50.31	52.15	54.84	66.53	74.39	88.78	107.18
石油加工及炼焦业	101.74	153.98	187.82	191.79	213.97	310.24	320.44	363.67	399.80	415.04
化学原料及化学制品制造业	487.78	541.79	622.34	678.69	722.11	762.71	798.85	906.07	1027.10	1614.68
医药制造业	80.22	98.43	125.96	136.44	159.23	180.20	224.05	258.13	307.89	359.40
化学纤维制造业	296.80	299.94	349.78	381.18	399.48	284.02	315.77	341.93	422.92	530.23
橡胶制品业	58.98	76.13	93.88	98.11	102.01	125.90	111.93	137.67	178.31	238.81

续表

产业	1999 年	2000 年	2001 年	2002 年	2003 年	2004 年	2005 年	2006 年	2007 年	2008 年
塑料制品业	136. 13	164. 77	188. 31	217. 09	225. 80	246. 09	272. 08	314. 08	387. 34	534. 66
非金属矿物制品业	355. 31	408. 49	419. 11	441. 46	441. 85	445. 19	459. 88	499. 94	618. 27	825. 99
黑色金属冶炼及压延加工业	491. 59	482. 72	603. 02	847. 21	974. 79	878. 40	945. 02	1021. 95	1165. 02	1422. 17
有色金属冶炼及压延加工业	75. 30	83. 15	95. 57	106. 39	101. 57	104. 47	108. 93	112. 30	136. 64	193. 98
金属制品业	178. 79	209. 24	237. 85	270. 47	270. 10	273. 12	305. 96	347. 81	425. 97	490. 42
普通机械制造业	322. 99	384. 30	434. 84	456. 97	484. 43	504. 25	567. 94	638. 28	784. 38	935. 02
专用设备制造业	205. 21	207. 33	205. 08	223. 37	231. 01	229. 66	234. 57	255. 97	333. 06	415. 87
交通运输设备制造业	298. 29	365. 15	439. 28	497. 55	573. 53	620. 85	665. 34	735. 49	866. 54	1028. 36
电气机械及器材制造业	269. 74	334. 46	371. 80	410. 32	442. 44	457. 00	489. 80	564. 77	663. 43	802. 37
电子及通信设备制造业	212. 10	273. 63	331. 82	393. 84	460. 22	569. 50	723. 96	972. 45	1521. 07	1881. 74
仪器仪表及文化、办公用机械制造业	59. 37	60. 88	68. 66	72. 02	67. 51	71. 04	74. 50	104. 42	116. 67	162. 92

资料来源：《中国城市统计年鉴（2009）》。

附表 3

利润原始数据

单位：亿元

产业	1999 年	2000 年	2001 年	2002 年	2003 年	2004 年	2005 年	2006 年	2007 年	2008 年
食品加工业	3.21	3.88	1.29	6.67	9.22	7.38	11.82	19.79	14.87	23.94
食品制造业	7.29	4.58	1.22	6.63	10.53	13.69	13.17	18.34	19.19	27.47
饮料制造业	8.28	11.14	13.62	15.49	17.67	20.57	22.51	33.46	30.24	31.28
烟草加工业	11.64	12.84	9.73	29.41	40.88	74.40	81.04	95.61	135.03	140.26
纺织业	13.84	22.78	23.35	45.81	77.78	87.11	118.33	143.83	153.03	206.59
服装及其他纤维制品制造业	17.31	18.22	21.96	33.08	53.62	68.39	71.80	83.22	91.87	114.98
皮革、毛皮、羽绒及其制品业	5.10	4.73	5.08	7.38	12.51	18.53	25.05	34.88	46.02	49.56
木材加工及竹、藤、棕、草制品业	1.64	2.40	4.02	4.97	8.05	8.28	10.72	13.66	18.22	26.72
家具制造业	1.12	0.83	1.89	1.90	2.97	4.94	4.84	8.68	14.09	23.73
造纸及纸制品业	3.08	0.35	-1.39	7.81	13.74	15.27	30.47	29.79	36.02	41.33
印刷业，记录媒介的复制	5.57	6.16	7.13	9.79	13.29	16.96	19.39	27.57	28.26	30.83
文教体育用品制造业	7.12	5.98	10.43	9.33	10.92	14.48	16.78	17.36	22.30	22.20
石油加工及炼焦业	12.61	17.19	10.68	36.74	9.04	7.35	34.53	47.31	103.01	57.84
化学原料及化学制品制造业	34.06	38.99	38.19	49.71	72.10	82.46	123.99	160.98	253.59	294.11
医药制造业	9.53	12.05	17.21	21.43	29.56	39.80	53.75	77.34	84.63	91.89
化学纤维制造业	24.24	17.33	5.57	24.55	38.00	17.29	18.76	32.77	38.71	33.56
橡胶制品业	4.02	2.80	3.39	1.01	1.09	8.89	13.58	20.57	26.18	30.61

续表

产业	1999 年	2000 年	2001 年	2002 年	2003 年	2004 年	2005 年	2006 年	2007 年	2008 年
塑料制品业	6.47	7.98	16.20	20.59	29.09	41.32	49.77	59.30	64.77	89.89
非金属矿物制品业	8.80	2.76	1.72	8.90	22.44	37.92	42.86	86.08	99.13	78.09
黑色金属冶炼及压延加工业	39.44	29.66	12.13	11.40	49.54	60.62	99.22	180.94	305.42	322.08
有色金属冶炼及压延加工业	3.09	2.77	2.47	7.84	8.63	11.76	15.81	21.80	38.01	56.09
金属制品业	10.95	11.70	18.00	23.99	33.25	44.79	60.49	83.57	111.82	133.89
普通机械制造业	38.02	34.86	38.22	46.11	66.57	84.81	119.79	173.86	229.96	299.14
专用设备制造业	12.21	11.16	11.02	13.69	24.58	34.17	51.74	71.90	84.80	110.84
交通运输设备制造业	64.58	74.52	75.56	88.19	106.58	129.06	188.35	311.15	297.62	206.64
电气机械及器材制造业	32.43	33.39	42.39	60.40	90.47	117.03	122.60	171.22	229.00	274.89
电子及通信设备制造业	26.31	50.42	60.32	94.56	152.78	117.01	107.61	162.53	271.31	261.61
仪器仪表及文化、办公用机械制造业	4.99	5.29	5.98	11.66	19.13	22.17	26.55	34.75	42.30	64.14

资料来源：《中国城市统计年鉴（2009）》。